Karte der Gemeinde Bad Essen, ursprünglich erstellt für das Buch „Die Gemeinde Bad Essen in Vergangenheit und Gegenwart", das 1975 anlässlich des 900–jährigen Ortsjubiläums herausgegeben wurde. Die Kartografie von Rudolf Hanke zeigt die Gemeinde Bad Essen mit ihren charakteristischen Bauwerken und Ausflugszielen und liefert auch heute noch eine gute Übersicht. Mitten im Gemeindegebiet – das in seinen Grenzen identisch ist mit dem alten Amt Wittlage – liegt der alte Amtssitz mit der Burg Wittlage, während die Ortschaften Bad Essen, Hüsede und Essenerberg, heute Standorte moderner Rehabilitations-Kliniken, im Südwesten am Hang des Wiehengebirges zu finden sind. Im Norden der Gemeinde liegen die Schlösser Ippenburg und Hünnefeld mit den sie umgebenden Ländereien, und im Osten findet der Besucher Barkhausen mit seinen Saurierspuren.

Wolfgang Huge

Bad Essen

Heilbad am Wiehengebirge

Impressum

Fotografien und Repros: Dr. Wolfgang Huge

Copyright © Dr. Wolfgang Huge 2010
2., durchgesehene und erweiterte Auflage 2013

Herstellung und Verlag:

BOD Books on Demand, Norderstedt

ISBN 978-3-8482-4111-8

Inhaltsverzeichnis

Der Weg vom Meierhof zum Kirchplatz führt entlang der „Kussallee", einer malerischen Ecke, die südlich der evangelisch-lutherischen St. Nikolai Kirche in Richtung Wald führt.

Vorwort

Am nördlichen Rand des Wiehengebirges liegt die Gemeinde Bad Essen, die aus dem gleichnamigen Heilbad und seinen 16 zugehörigen Ortschaften besteht. Wegen seiner Lage am Waldrand wurde der Ort in den 1930er Jahren auch als „Perle des Wiehengebirges" bezeichnet, in den 1960er Jahren galt sie aufgrund ihres für die damaligen Verhältnisse aufwendigen Sole-Freibads als „Adria des kleinen Mannes". Die geographische Daten des Kurortes sind Breitengrad 52.317 und Längengrad 8.333. Die heutige Gemeinde Bad Essen reicht von Wehrendorf im Westen bis hin nach Dahlingshausen im Osten, von Barkhausen und Büscherheide im Süden bis hin zu Heithöfen im Norden.

Bad Essen selbst ist ein Ort, in dem es sich gut leben lässt. Umgeben von der Natur, eingebettet in eine abwechslungsreiche Landschaft, findet man hier Ruhe und Erholung. In der landschaftlich reizvollen Umgebung des Kurorts kann der Mensch Kraft tanken für die aktive Bewältigung des Alltags. Nach wie vor ist dies für viele ein Grund, sich hier häuslich niederzulassen. Für anspruchsvolle Menschen bietet der Ort zudem ein breit gefächertes Angebot aus medizinischer Versorgung, Sport- und Einkaufsmöglichkeiten, kulturellen Ereignissen und Lebensfreude. Und das in einer architektonischen Umgebung, die durch Bewahrung von Tradition und ländliche Gemütlichkeit geprägt ist.

Als Luftkurort und Solebad setzt Bad Essen auf Gesundheit, Wellness und pflegerische Versorgung. Angereichert wird das breite Spektrum gesundheitlicher Dienstleistungen von überregionalen kulturellen Events wie dem Historischen Markt, den Ippenburger Gartenfestivals oder dem Weihnachtsmarkt, im Sommer ergänzt durch Open-Air-Veranstaltungen auf dem Kirchplatz. Im vergangenen Jahrhundert erlebte Bad Essen seinen Ausbau als Heilbad und Standort medizinischer Rehabilitation. Das am Wald gelegene Sole-Freibad, die verschiedenen Kurparks und Kliniken sind Zeugen dieser Entwicklung.

Mit den archäologisch spektakulären Saurierspuren in Barkhausen weist der Ort ein außergewöhnliches Ziel für Radfahrer und Wanderer aus, die sich entlang des nördlichen Waldrands bewegen. Gute Luft, ausgedehnte Wandermöglichkeiten und weitere Ziele wie die Burg Wittlage, die Schlösser Ippenburg und Hünnefeld, sowie der Mittellandkanal waren es, die fremde Menschen bereits zu Beginn des 20. Jahrhunderts in den aufstrebenden Kurort zogen, was ihn auf der anderen Seite mehr und mehr seiner eher unmittelbaren Umgebung entfremdete. Während die umliegenden Ortschaften hauptsächlich von landwirtschaftlichen Tätigkeiten und einem vergleichsweise geringen Anteil an Landhandwerkern geprägt waren, zählten Volksbefragungen in Essen bereits frühzeitig mehr als die Hälfte an „Bürgern", die ihr Leben als Handwerker, Händler oder Selbständige führten. Auch sollen die Wittlager Regierungsbeamten sich vorzugsweise in Bad Essen ihre häusliche Bleibe gesucht haben, was Spannungen und Neidgefühle geschürt haben mag. Und als der Ort sich im Jahr 1902 endlich „Bad Essen" nennen durfte, dürfte diese Entfremdung kurzfristig noch ein wenig stärker geworden sein.

Als Verwaltungseinheit erst 1972 zur Gemeinde Bad Essen zusammengefasst, weist der Verbund eine Jahrhunderte alte Tradition auf, in der das Territorium der Gemeinde als Amt Wittlage Bestandteil des Fürstbistums Osnabrück war. Bereits im 18. Jahrhundert erfüllte der Ort die Funktion eines kleinen regionalen Zentrums, in dem Handwerk, Handel und regelmäßige Märkte das Bild prägten. Und so scheint es, als wenn die Gemeinde Bad Essen auf eine lange Geschichte zurückschauen kann. Was sich jedoch nur begrenzt als richtig erweist, wenn man die Uhr nur weit genug bis ins Mittelalter zurückdreht. Historisch ist das Amt Wittlage nämlich aus zwei Gebieten entstanden. Und so ging einst ein Riss mitten durch das Gemeindegebiet, dort, wo die Hunte die zu Osnabrück gehörige Essener Mark von der zu Minden gehörigen Angelbecker Mark trennte. Was heute die Gemeinde Bad Essen darstellt, war also einst das Grenzgebiet, in dem sich der Osnabrücker Bischof mit den Diepholzer, den Mindenern und den Ravensbergern gegenüberstand. Der territoriale Zusammenschluss erfolgte irgendwann zwischen 1200 und 1300, wobei exakt datierbare Vorgänge dazu nicht vorliegen. Ein weithin sichtbares Zeichen jener Zeit hat die Wittlager Burg hinterlassen, erbaut zwischen 1309 und 1313, mit dem der Osnabrücker Bischof seine östlichen Besitztümer gegen die Nachbarn zu schützen suchte. In späteren Zeiten diente die Burg dem Amt Wittlage und dem Landkreis Wittlage als Verwaltungssitz.

2010 war Bad Essen gemeinsam mit Schloss Ippenburg Ausrichter der Niedersächsischen Landesgartenschau, was eine Vielzahl baulicher Maßnahmen einschließlich einer Neugestaltung der Parkanlagen im Ort mit sich brachte. Zugleich wurden mit der SoleArena, einem kleinen Gradierwerk am Sole-Freibad, und der Himmelsterrasse Baulichkeiten geschaffen, von denen Besucher und Gäste noch lange profitieren werden. Dieses kleine Büchlein soll den Ort zeigen, wie er sich seither seinen Gästen präsentiert, als moderne Gemeinde in historischer Kulisse.

Bad Essen, im Herbst 2012

Dr. Wolfgang Huge

Schlaglichter aus der Ortsgeschichte

Die Ortsgeschichte von Bad Essen beginnt mit einem Schriftstück nicht bekannten Datums, das sich zeitlich jedoch relativ gut einordnen lässt. Es bezieht sich auf die Übergabe des Hofes „Essene", den die Adeligen Gisilbert und Cuniza gegen die Gewährung einer Leibrente an den Bischof Benno II. von Osnabrück überschrieben haben, zusammen mit ihren Liegenschaften in Bohmte und Wehrendorf. Die im Osnabrücker Urkundenbuch Bd. 1 auf der Seite 138 nachgewiesene Schenkungsurkunde belegt die Übertragung der Ortschaften Essen und Bohmte mitsamt dem Hofgefolge an den Bischof sowie seinen Kirchenvogt Everhard. Dem Hausherrn Gisilbert und der Hausherrin Cuniza werden dabei im Gegenzug unter anderem eine lebenslange Rente von jährlich 4 Pfund Silber und 4 Wildbretstücken zugestanden, wobei das Zehntaufkommen von Bohmte, Wehrendorf und Nemden dafür verwendet werden sollte. Über die Datierung dieser Quelle ist viel gestritten worden. Inzwischen gehen die Historiker davon aus, dass sie in den Jahren zwischen 1074 und 1081 ausgestellt worden sein muss, da diese Zeitspanne die gemeinsame Schaffenszeit von Bischof Benno II. und seinem Kirchenvogt Everhard markiert. Ursprünglich war die Quelle den Jahren 1067/1068 zugeordnet worden, in die auch die Ernennung von Benno II. fiel. Doch später stellte sich heraus, das die Tätigkeitspanne des Kirchenvogts lediglich auf die Jahre zwischen 1074 und 1081 begrenzt war, so dass die nicht näher datierte Urkunde aus dieser Zeit stammen muß.

„In nomine sancte et individue Trinitatis. Notum sit omnibus fidelibus (tarn praesentibus quam futuris qualiter domnus Gisilbertus et domna Cuniza praesente scilicet sorore sua et collaudante duo loca (nuncupata Essene) et Bamwide cum familiis et mancipiis necnon et aliis utilitatibus ad illa jure pertinentibus domno (Bennone episcopo) superstite ejusque advocato Everh(ardo) ad Osnabruggensem aecclesiam sancto Petro apostolo in haec verba (..... tradid)erunt, ut quotannis vite sue econtra in beneficium IIIIor libras decimationis et IIIIor feras: id est (duos porcos et) duas cervas illi utrique adusque finem vite sue haberent", so lautet der ergänzte Text der Urkunde. Ins Deutsche übersetzt heißt dies: „Im Namen der heiligen und ungeteilten Dreieinigkeit. Kundgetan sei allen Gläubigen, sowohl den gegenwärtigen wie zukünftigen, in welcher Weise der Edelherr Gisilbert und die edle Frau Cuniza im Beisein der mit löblichen Worten zustimmenden Schwester zwei Ortschaften, nämlich Essen und Bohmte mit dem Hofgefolge und den Eigenbehörigen nebst allen dazugehörigen Nutznießungsrechten, dem derzeitigen Hohen Herrn Bischof Benno und dessen Kirchenvogt Everhard der Osnabrücker Domkirche übergeben haben. Es ist vereinbart, daß die Stifter wiederum zeit ihres Lebens zu eigenem Nutzen empfangen sollen: 4 Pfund Silbers aus Zehntgeldern und 4 Wildbretstücke, 2 Schweine und 2 Hirsche, und zwar beide als Einheit somit auch der letztlebende allein bis zum Ende seines Lebens." Anschließend nennt das Dokument 27 Zeugen, die alles gesehen und gehört haben: „die Kapitelsherren Eilhard, Ecbrath, Eilword, Athalbrath, Liuzico, Alfword; die Edelherren Otto - des Präfekten Godescalc Sohn, Haolt, Amulung, Werin, Ezo, Benniko, Hrothulf, Hezil, Godebold, Thiederic, Thiedo, Widilo, Liudolf, Celico, Ricfrith, Ratolf, Udo, Werinheri, Azo, Odo, Bernold, und viele andere wie auch noch die Bürger alle".

So sieht die Urkunde aus, die einen ersten Hinweis auf die Ortschaft „Essene" liefert. Sie ist allerdings nicht genau datiert und stammt aus den Jahren 1074 - 1081.

Ältere schriftliche Dokumente über das Wittlager Land sind im Niedersächsischen Staatsarchiv Osnabrück nicht vorhanden. Was vorher gewesen sein kann, lässt sich anhand von Überlieferungen zum Fürstbistum Osnabrück nicht mehr klären. Allerdings kann man der Urkunde deutlich entnehmen, dass es um diese Zeit bereits eine Siedlung in Essen gegeben haben muss, schließlich ist vom Gefolge Gisilberts die Rede. Doch wer waren Gisilbert und sein Gefolge? Offenbar hatten Gisilbert und Cuniza keine Erben, nur eine Schwester, die wohlwollend eingewilligt haben soll. Und warum übertragen die beiden Essen und Bohmte zugleich, waren wie man einmal vermutet hat, die Häuser Essen und Bohmte durch ihre Heirat zusammengekommen? Auf diese Fragen wird es vermutlich nie eine Antwort geben.

Franz Vincke hat sich in seiner Interpretation der Urkunde dahingehend geäußert, dass Essen ursprünglich keine fränkische Meierhofsiedlung gewesen sei, sondern ein sächsischer Edlingssitz, dessen Gründung „getrost 100 Jahre vor Karls des Großen Zeiten" angesetzt werden dürfe - mithin also etwa 400 Jahre vor Abfassung der Urkunde. Einen Hinweis darauf liefere die Formulierung „Gefolge", die auf eine größere Ansiedlung schließen lasse, ebenso wie die erwähnten „Bürger alle", mit denen offenbar die damaligen Einwohner von Essen und Bohmte gemeint waren. Der Beleg für die These, so deren Anhänger, stecke im Boden. Und in der Tat: Im Sommer 1977 fanden sich in Eielstädt mitten im Ort Keramikfunde, die erste Hinweise auf eine dortige Siedlung aus dem frühen Mittelalter lieferten. Sie wurden entdeckt, als beim Errichten einer Mauer in einer Bodenverfärbung zahlreiche Tongefäßscherben ans Tageslicht kamen. Ungefähr 100 Meter südlich der Durchgangsstraße nach Wittlage wurden im Anschluss daran bis 1980 mehrere Grabungen durchgeführt, um eine Fläche von ca. 1.700 Quadratmetern archäologisch zu erschließen.

Nach dem Abtragen der Humusdecke fanden die Archäologen im Boden Verfärbungen, die sich als Hinweise auf Pfostenlöcher, Pfosten, Wandgräben und Gruben erwiesen und im Boden sichtbare Spuren hinterlassen hatten. Aus dem gesamten Puzzle an Einzelinformationen ließen sich Grundrisse verschiedener Gebäude rekonstruieren, wie sie aus sächsischen Siedlungen Westfalens bekannt waren. Sie lagen in Ost-West-Richtung und hatten offenbar den Eingang an ihrer Nordseite zusammen mit einem Vorbau. Zudem wurde ein hölzerner Brunnenkasten freigelegt, dessen seitliche Bohlen im Grundwasser die Zeit überdauert hatten. Auch fanden sich Reste einfacher Herdstellen. Zur Datierung der Funde dienten vor allem die Keramikreste. Die Scherben von kugelförmigen Töpfen stammen aus dem 9. bis 11. Jahrhundert. Eisenstücke, Mahlsteine, Spinnwirtel und Webgewichte runden die Befund ab und belegen die menschliche Besiedlung noch deutlich früher als die ersten urkundlichen Erwähnungen von Essen oder Eielstädt. Soweit sich die Grundrisse der Gebäude rekonstruieren ließen, handelte es sich um schiffsförmige Häuser mit leicht nach außen gebogenen Längswänden, die als Wohn- und Stallgebäude gedient haben dürften. Von deren Bauform konnten insgesamt vier gefunden werden. Herdstellen waren in diesen Häusern nicht nachweisbar. Zu den Haupthäusern fanden sich zudem Reste von weiteren Nebengebäuden, die vermutlich als Speicher gedient haben. Eine definitive Zuordnung des Fundes ist nicht möglich gewesen, auffällig war jedoch die Übereinstimmung in der Bauform mit Funden in Westfalen, die sächsischen Ursprungs sein sollen.

Spekulationen vermuten in der Nähe des Meierhofes sogar eine sächsische Burganlage, die bereits vor der fränkischen Zeit der Sicherung des Weges gedient haben soll, der nördlich des Wiehengebirges von Bramsche zur Porta Westfalica führte, ein Weg, der zu Zeiten des Varus auch von den Römern benutzt worden war. Hieraus leitet sich die Vermutung ab, auch Essen könne Standort eines sächsischen Edlingssitzes gewesen sein. Typisch für diese Edlingssitze war es, dass sie hinter einer verborgenen Ecke ganz in der Nähe der Pass-Straßen gelegen waren, wo sie für die Passanten unsichtbar blieben. Und die Lage oberhalb des Meierhofs am Waldrand hätte ganz diesen Gepflogenheiten entsprochen. Hier, am Nordhang des Wiehengebirges, könnte den Spekulationen zufolge eine sächsische Burg gestanden haben.

In einer alten Karte Bad Essens von 1935 ist eine „Charlottenburg" am Waldrand eingezeichnet und ausgewiesen. Etwas oberhalb der Stelle, wo die entsprechende Markierung steht, befindet sich heute die Himmelsterrasse des neu gestalteten Parks an der SoleArena. Zu der hin führte einst ein Weg hoch vom Meierhof, der auf der Karte des Landvermessers Du Plat von 1794 noch zu erkennen ist und zwischen dem heutigen Hotel Deutsch Krone und der Himmelsterrasse in den Wald mündete. Von hier aus soll eine Zuwegung zu der geheimnisumwobenen Burg geführt haben, wie immer wieder in Erzählungen berichtet wird – ob diese allerdings einen wahren Kern haben, mag dahingestellt sein.

Der Meierhof selbst wird erstmals um 1200 im Osnabrücker Abgabenregister des Dompropstes Lentfried (1188-1207) erwähnt. In das Jahr 1359 fällt die erstmalige Erwähnung einer Wassermühle als bischöfliches Lehen. Die Mühle zählte in früheren Zeiten zum Anwesen des Meierhofs, der die heutige Wassermühle als Bruchstein- und Fachwerkbau im Jahr 1780 errichten ließ. Wenige hundert Meter oberhalb der Mühle trat seit jeher Sole an die Oberfläche, die sich gut für die Gewinnung von Kochsalz nutzen ließ. Wie Schriftvergleiche der Handschrift zeigen, stammt der erste Hinweis auf eine Saline in Essen ebenfalls aus der Zeit um 1300. Die Signatur StAOs Rep 2, Nr. 185 beinhaltet zwei Nekrologe des Osnabrücker Doms, die unter dem Tagesdatum 1. August eine Saline in Essen belegen. Zu Essen heißt es in dem einen der ohne Jahresangabe verfassten Nekrologe „Hic habebunt fratres v. sol. de domo salis in Essene", was übersetzt so viel heißt wie „Hier (an diesem Tag) sollen die Brüder (am Dom) 5 Solidi (das ist die Währung) vom Haus des Salzes in Essen erhalten". Überlieferungen sprechen auch davon, dass in Essen bereits 1447 die Aufmerksamkeit der staatlichen Behörden auf das hier aus dem Boden kommende salzhaltige Wasser gelenkt hatte. Die dabei erwähnte Saline diente dazu, die in der Waldschlucht zutage tretende Sole zu Salz aufzubereiten. Und um 1602 wurde der Gedanke in Planungen für eine Salzsiederei erneut aufgegriffen – allerdings ohne Realisierung. Die Überlegung, die Sole für gesundheitliche Badezwecke einzusetzen, kam erst gut 250 Jahre später auf.

Im Zusammenhang einer Fehde zwischen den Bischöfen von Minden und Osnabrück wurde der um die Kirche angelegte Ort Essen 1436 gebrandschatzt, wobei auch die Kirche zusammen mit den umliegenden Häusern des Kirchhofs in Flammen aufging.

Mit Hilfe der Patronatsfamilie von dem Bussche konnte die Kirche zwischen 1446 und 1487 in ihren heutigen Form wiederaufgebaut werden. Innen und außen wurde sie verschönert mit Grabsteinen und Epitaphien aus der Zeit von 1560 bis 1660. 1662 schließlich wurde der Kirchbau von Essen durch einen Anbau erweitert, um den Protestanten aus Schledehausen ein kirchliches Zuhause zu geben. Denn deren Kirche war im Westfälischen Frieden als Folge des 30-jährigen Krieges den Katholiken zugesprochen worden, obwohl die katholische Konfession in Schledehausen nur eine kleine Minderheit ausmachte. Aus dem Jahr 1668 datiert ein weiterer Großbrand im Ortskern, der als „der große Brand vom 16. April" in die Ortgeschichte einging, und 1811 legt eine weitere Feuersbrunst drei Häuser in der Ortsmitte in Asche. Doch neue Häuser ersetzten die alten, und viele der heutigen Fachwerkbauten von Bad Essen stammen aus der Zeit nach 1800. Ausnahmen bilden einige Häuser des Kirchplatzes, etwa „Das kleine Haus", dessen Geschichte sich bis in das Jahr 1429 zurückverfolgen lässt. 1660, nach einem Brand, erhielt das Gebäude zwei zusätzliche Geschosse und damit seine heutige Form. Auch „Die Kaffeemühle" stammt aus dem 17. Jahrhundert und war bis 1810 Heimstatt der ersten Apotheke des Ortes. Ihr Gegenüber steht am Eingang des Kirchplatzes ein alter Speicher, dessen Frontansicht zum Osten hin im 16. Jahrhundert angebaut ist und lange Zeit das Gesicht des Zigarren- und Spirituosengeschäfts Löber prägte. Teile des Gebäudes sind noch älter und stammen aus dem 15. Jahrhundert.

Die von Justus Möser inspirierte Volkszählung von 1772 schaffte erstmals einen kompletten Überblick über die Bevölkerung des gesamten Fürstbistums Osnabrück - und damit auch der Ämter Wittlage und Hunteburg. Sie bietet einen eindrucksvollen Blick auf die damaligen Verhältnisse. Denn sie ermittelte Zahlen zu den dort ansässigen Personen, ein Verzeichnis aller Haupt- und Nebenfeuerstätten, die zusammen mit den nur kurze Zeit später angefertigten Lageplänen des Landvermessers Du Plat einen guten Einblick in die damaligen Verhältnisse geben. Auch über die damals lebenden Menschen, ja sogar über ihre berufliche Tätigkeit geben die Unterlagen Auskunft. Eine Auswertung der in den Akten festgeschriebenen Angaben zur beruflichen Tätigkeit der Essener Haushaltsvorstände liefert interessante Informationen zur bereits vielfältigen Berufsstruktur des damaligen Ortes. So nennen die Unterlagen 31 Handwerker - einen Bäcker, zwei Buchbinder, drei Holzschuhmacher, einen Korbmacher, einen Müller, einen Sattler, drei Schlachter, einen Schlosser, drei Schmiede, zwei Schneider, sieben Schuster, zwei Tischler, einen Wagenmacher und drei Zimmerleute. Ebenso erwähnt sind 27 Ackermänner, 25 Tagelöhner, sechs Kaufleute, drei Brauer, drei Amtsbedienstete, zwei Apotheker, zwei Tabakspinner, ein Gastwirt, ein Garnhändler, ein Leinsamenhändler, ein Händler, eine Hebamme, ein Chirurg, ein Notar, ein Pastor, ein Küster sowie ein Kantor und Schulmeister. Damit war im ausgehenden 18. Jahrhundert bereits mehr als die Hälfte aller erwerbstätigen Personen Essens in Handwerk, Handel, Verwaltung, Dienstleistungsgewerben oder im kirchlichen Bereich beschäftigt.

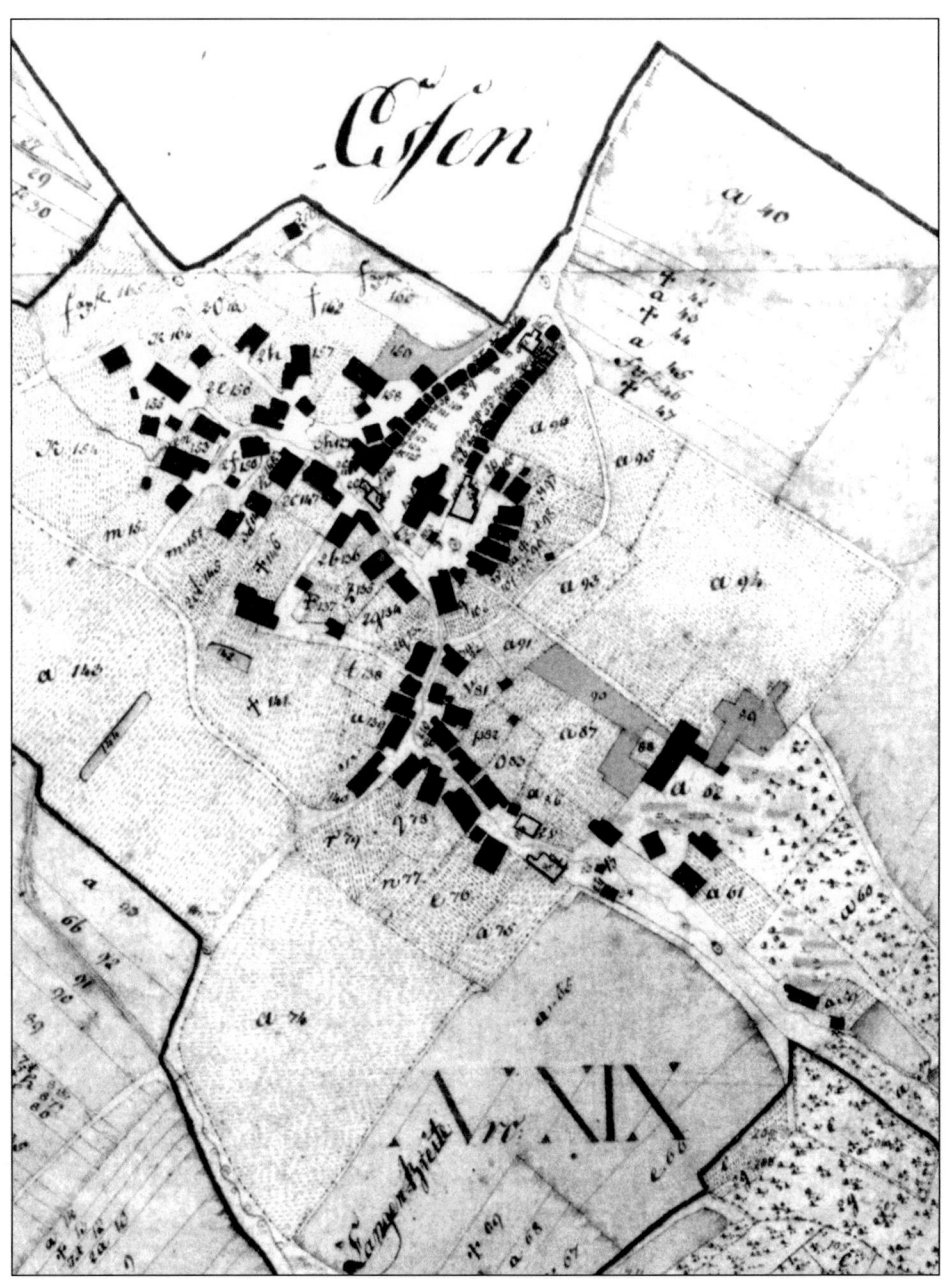

Der Ortsplan von Johann du Plat aus den Jahren 1784–1790 zeigt die Anlage des Ortes rund um den Kirchplatz zusammen mit seinen Anwesen „Auf dem Kampe" sowie den Ackerbürgerhäusern und dem Meierhof entlang der späteren Bergstraße bis hin zur Mühle.

Bereits im 18. Jahrhundert bildete das alte Essen damit das Zentrum von Handwerk und Handel im Wittlager Land. Dazu gehörte auch die bei Colon Höger angesiedelte Essener Legge, auf der das in Essen und Umgebung in Hausarbeit gefertigte Leinen gehandelt wurde. Dort wurde es vermessen, auf seine Qualität hin geprüft und dement- sprechend in eine der fünf Güteklassen eingestuft. Dann erst erhielt es den Stempel der Legge, wodurch es für den Verkauf und den Handel freigegeben war. Auf diese Weise konnten die Einwohner Essens ihr Budget aufbessern, und den Bauern der Umgebung bot sich eine Gelegenheit, an Bargeld für den Einkauf von Waren zu gelangen.

Doch war Essen nicht nur ein lokales Zentrum von Handwerk und Handel, sondern zugleich auch der wichtigste Marktort im Wittlager Land. Ihre erste urkundliche Er- wähnung finden die Essener Märkte in einem vom Amt Wittlage verfassten Dokument vom 3. September 1666. Weitere Hinweise zum Essener Marktwesen in den Akten des Niedersächsischen Staatsarchivs Osnabrück zum Herbstmarkt des Jahres 1802 sowie zur Marktplanung des Amtes für 1837 belegen, dass der „Historische Markt" in Bad Essen und der „Weihnachtsmarkt" an eine lange Tradition anknüpfen, die dem heuti- gen Besucher des Kurortes kaum mehr ins Auge fallen. Solange der Kirchplatz noch der Bestattung der Bewohner des Ortes diente, fanden die Kram- und Viehmärkte auf der großen Wiese nahe der Gaststätte „Clamors" statt, auf der später das Kaufhaus Albers stehen sollte – und wo sich heute der Plantanenhof befindet. Im 19. Jahrhundert wurden die Märkte dann auf dem Kirchplatz abgehalten. Denn mit seinem von einer Burg aus Fachwerkhäuser umrandeten Kirchplatz verfügte das alte Essen über einen idealen Standort für Markt und Handel. Bereits frühzeitig hatten sich Handwerker, Händler und Wirtsleute rund um den Kirchhof angesiedelt. Zudem bot der dort nach Umsiedlung des Friedhofs ein großzügiges Angebot an Stellfläche, die den Kirchplatz zu einem Schauplatz des bunten Marktlebens werden ließ.

Ende August steht der gesamte Ortskern von Bad Essen jedes Jahr drei Tage lang im Zeichen des Historischen Marktes. Seit seiner Premiere zur 900-Jahre-Feier 1975 hat sich dieser Markt zu einer überregionalen Veranstaltung entwickelt, die eine Zugkraft weit über die Grenzen des Wittlager Landes hinaus besitzt. Auf dem Historischen Markt kann der Besucher altes Handwerk bewundern, Tanzgruppen in alten Trachten sehen oder weit gereisten Bänkelsängern lauschen. Über 150 Stände und Buden zei- gen ein munteres und abwechslungsreiches Angebot, in dem auch der gemeinnützige Gedanke zum Tragen kommt. Wie in den Gründertagen, so bilden auch heute noch die gemeinnützigen Stände das Herzstück des Marktes, dessen Charme nicht zuletzt auch daher rührt, dass viele einheimische Bürger den Markt in traditioneller Kleidung besuchen. Ganz in der Tradition des „Historischen Marktes" feiert Bad Essen Ende November mit Beginn der Adventszeit seinen Weihnachtsmarkt – allerdings etwas klei- ner und überschaubarer. Doch auch dann drängeln sich an den Markttagen tausende Besucher durch den Ort.

Ein Blick über den Ort aus den Parkanlagen am Nordhang des Wiehengebirges von dort aus, wo einst die Villa Rickmers stand.

Das Bad Essener Rathaus aus dem Jahr 1928 bildet den Ausgangspunkt unseres historischen Rundgangs durch den Ort.

Historischer Ortsrundgang*

Ausgangspunkt unserer historischen Tour durch Bad Essen bildet sein **Rathaus**, das mit dem kleinen Turmaufbau dort, wo Linden- und Gartenstraße aufeinander treffen, in den Jahren 1927 und 1928 errichtet wurde. Bad Essener Bürger stifteten seinerzeit das Grundstück und stellten Geldspenden zur Verfügung. Heute ist die Verwaltung der 1972 durch das „Osnabrück-Gesetz" gebildeten, insgesamt 17 Ortschaften zählenden Gemeinde Bad Essen in den Räumlichkeiten des Rathaus sowie dem angrenzenden Gebäude des ehemaligen Amtsgerichts untergebracht. Beide Gebäude wurden 1981 durch einen Zwischenbau miteinander verbunden und dienen der politischen Ordnung des kommunalen Lebens auf einer Gemeindefläche von insgesamt 103,22 qkm mit 15.850 Einwohnern (Stand 1. Januar 2010).

Dort, wo heute das Rathaus Bad Essens steht, befand sich zu Beginn des 20. Jahrhunderts noch das alte Herbrechtmeyersche Haus, an dem die Gartenstraße von der Lindenstraße abbog. Das im Winkel der beiden Straßen gelegene Anwesen diente als Kolonialwarenhandlung, die von Frau Herbrechtsmeyer betrieben wurde. Ihr Mann war Gerichtsvollzieher. Aus nie geklärter Ursache brannte das Haus 1927 in einer Nacht ab. Anschließend kaufte der Zeitungsverleger Franz Schlüter das Grundstück, schenkte es der Gemeinde und schuf so die Voraussetzungen für den späteren Rathausbau, der 1928 im Sommer feierlich seiner Bestimmung übergeben wurde.

1857 erhielt der Altkreis Wittlage ein **Amtsgericht**, das zunächst in Wittlage, dem Sitz der Amts- bzw. Kreisverwaltung, und später bis Juni 1973 in dem Gebäude Lindenstraße 41 untergebracht war. Das Haus an der Lindenstraße, in das das Amtgericht 1920 einzog und das später die Gemeindeverwaltung übernahm, trug lange Zeit die Nummer 62. Denn es war das 62. Haus, das in Bad Essen gebaut wurde. 1884, bei Anlegung des Grundbuchs, erschienen Dr. Lücker und Paula Lücker aus Preußisch-Oldendorf als Eigentümer. Am 1. April 1898 kaufte dann der Rentier Heinrich Suhre dieses Gebäude. 1899 erschien als Käuferin Fräulein Ida Wissmann, deren Bruder Rudolf Wißmann,

---

* *Dieses Kapitel verarbeitet einen älteren Aufsatz von Eckhard Grönemeyer, der bereits vor über 25 Jahren ebenfalls die Idee hatte, einen Rundgang durch den historischen Ortskern von Bad Essen zu schildern. Seine Ausführungen wurden für die hier vorgelegte Fassung aktualisiert, ergänzt und in einen neuen Kontext gestellt.*

erfolgreicher Bankier in England, seinen Schwestern Ida, Auguste und Betty das Haus geschenkt haben soll. Nachdem die drei verstorben waren, trat Rudolf Wißmann selbst das Erbe an und bot der Gemeinde Bad Essen das Haus an. Am gleichen Tage wurde mit dem preußischen Staat (Justizverwaltung) ein Mietvertrag abgeschlossen. Das Amtsgericht befand sich damals in unzulänglichen Räumen in Wittlage, und man hoffte, dass durch einen Beschluss des Preußischen Landtags das Gericht nach Bad Essen verlegt würde, was auch geschehen ist. Vier Jahre später, am 6. Juli 1928, kaufte dann der Preußische Staat der Gemeinde das Haus, das 1935 auf das Deutsche Reich überging, zum gleichen Preis wieder ab. Zwischen 1954 und 1956 wurde das Amtgericht komplett saniert und umgebaut. Die äußere Fassade zur Lindenstraße hin wurde neu gestaltet und ein moderner Sitzungssaal eingerichtet, in dem heute die Gemeindegremien tagen. Für den Altkreis Wittlage ist heute das Amtsgericht in Osnabrück zuständig.

Dem ehemaligen Amtsgericht gegenüber liegt eine weitläufige Grünanlage mit dem **Bolbec-Platz.** Im Hintergrund liegt die Haupt- und Realschule Bad Essen. Das 1909 längs zur Wilhelm-Bahr-Straße errichtete Gebäude der Rektorschule wurde 1924 zur sechsklassigen Mittelschule. Schulträger war bis 1945 zunächst die Gemeinde Bad Essen, später der Landkreis Wittlage und heute als dessen Rechtsnachfolger der Landkreis Osnabrück. Setzen wir unseren Rundgang in Richtung Kirchplatz fort, so gelangen wir an dessen Eingang zum ehemaligen Zigarrenhaus Löber, das als Fachwerkhaus

Das Gebäude des ehemaligen Amtsgerichts wurde mit dem erbauten Rathaus zusammengelegt und dient heute als Sitz der Gemeindeverwaltung.

Der malerische Speicher am Osteingang des Kirchplatzes diente lange Zeit als Verkaufsraum für das Zigarren- und Spirituosengeschäft Löber.

bereits im 16. Jahrhundert errichtet wurde. Noch zu Beginn des 20. Jahrhunderts arbeitete in diesem schmalen Haus ein Tischlermeister, bevor hier der Zigarren-, Spirituosen- und Zeitschriftenhandel seinen Platz fand. Heute noch liegt der **alte Speicher am Eingang zum Kirchplatz**, mit Hohlkreuz und Bauch, und blickt auf eine wechselvolle Geschichte - zuletzt als Werkstatt eines Goldschmieds zurück. Der schmale Giebel nach Osten soll im 16. Jahrhundert angebaut worden sein. Die Hälfte des Hauses, die zum Kirchplatz hin liegt, wird sogar mit dem 15. Jahrhundert in Verbindung gebracht. Einst befand sich zwischen diesem Haus und dem Haus Feuerhake das Osttor, das in alten Kirchenbüchern erwähnt ist.

Im **Haus Feuerhake**, das auf der anderen Seite am Ostausgang des Kirchhofes, dem damaligen Ortsende, lag, war im 18. Jahrhundert die erste Apotheke des Ortes untergebracht. Da das Haus Eigentum der Familie von dem Bussche war, kann angenommen werden, dass diese Apotheke von der adeligen Familie von dem Bussche-Hünnefeld gegründet worden ist. Später ging das Haus in das Eigentum der Familie Feuerhake über, die dort eine Konditorei und Jahrzehnte später eine Gaststätte betrieb. Heute befindet sich hier die Kneipe „Kaffeemühle", die diese Tradition fortsetzt. Vor mehr als drei Jahrhunderten erbaut, erinnern die alten Eichenständer und Balken innen noch an die vergangene Zeit.

Wo heute die „Kaffeemühle" die Tradition von Café, Restauration und Bierlokal aufrecht erhält, befand sich im 18. Jahrhundert die erste Apotheke des Ortes.

Auf dem Kirchplatz finden sich verschiedene ortsgeschichtlich interessante Gebäude, die inzwischen unter Denkmalschutz stehen. So auch das **Hünnefelder Totenhaus** an der Südseite des Kirchplatzes, das 1752 errichtet wurde. Noch bis 1850 wurde es als Hünnefelder Grabstätte genutzt. Über dem Eingang steht die Inschrift: „Genis de Bussche Ex Hunnefeld Non Indecori Cineres Hic Servantur Aeternitati MDCCLII" (Übersetzung der Lateinischen Inschrift: Aus dem Geschlecht von dem Bussche aus Hünnefeld werden die nicht unrühmlichen Aschenreste hier aufbewahrt für die Ewigkeit 1752). Das aus Backsteinen errichtete Totenhaus hat ein für die Gegend recht seltenes Tonnengewölbe mit eingeschnittenen Fenstern, und sein Halleneingang ist mit einem Eisentor ausgestattet. Das Hünnefelder Totenhaus wurde 1936 der Gemeinde Bad Essen übergeben. Ein schlicht gehaltener Gedenkstein in der Halle erinnert an die Gefallenen beider Weltkriege.

Der Kirchplatz war einst als **Kirchhof** nur durch schmale Gassen zu erreichen. Er liegt auf einer kleinen Anhebung in zentraler Lage, eingerahmt von hohen Linden, die etwa 125 Jahre alt sein mögen, und alten Fachwerkhäusern. Die baulichen Merkmale lassen den Schluss zu, dass es sich hier um eine alte Kirchhofsiedlung handelt. Erst unter dem Druck der napoleonischen Herrschaft (1806-1813) wurde der einstige Friedhof vom Kirchhof aus dem Ort heraus verlegt. Der Kirchplatz ist in der Form eines Dreiecks von kleinen Häusern umgeben, deren Bewohner man als „Kirchhöfer" bezeichnet. Die Kirchhöfer waren frei von jeder Grundherrschaft. Die Fachwerkgebäude am Kirchplatz haben überwiegend zwei Geschosse und stehen mit einer Ausnahme mit der Traufenseite zum Kirchplatz. Lediglich in einem Fall zeigt die Giebelseite eines sehr schmalen Fachwerkhauses zum Platz hin. Nach mündlicher Überlieferung soll es sich bei diesem Gebäude, das heute zum „Kleinen Haus" gehört, um das erste dreigeschossige Haus in Bad Essen gehandelt haben. Im Jahr 1429 wurde es auf altem Fundament zunächst als eingeschossiger Friedhofsspeicher gebaut, um im 17. Jahrhundert sein heutiges Gesicht zu bekommen. Die Lücke zwischen den anderen Häusern, die alle mit der Traufenseite zum Friedhof lagen, war zu klein und konnte nur so geschlossen werden. Die Speicher waren so dicht nebeneinander erbaut, damit sie als eine Friedhofsburg in Notzeiten den bedrängten Essenern Schutz bieten konnten (was natürlich selten nützte).

Zur 900-Jahre-Feier des Ortes Bad Essen wurde der Kirchplatz 1975 neu gestaltet mit einem zu der Umgebung passenden Kleinpflaster und Sandsteinplatten. In gedanklicher Nähe zum Wahrzeichen des Kurortes, der historischen Wassermühle, wurde hier ein kleiner Springbrunnen mit einem Mühlstein und acht Sitzpoldern rundherum errichtet. Der Platz wird seither weitgehend vom Fahrzeugverkehr freigehalten, um Gästen und Einwohnern eine beschauliche Ruhezone zum Verweilen zu bieten. Auch bildet er jeden Donnerstag eine ideale Kulisse für den beschaulichen Wochenmarkt. Der Kirchplatz gehört seit Jahrhunderten zur ev.-luth. **St. Nikolai Kirche**, deren 42 m hoher Turm mit Kreuz auf der Weltkugel und Wetterhahn schon aus der Ferne sichtbar ist. Ein erster Kirchenbau an dieser Stelle ist urkundlich für 1221 erwähnt.

Der Brunnen auf dem Kirchplatz entstand bei dessen Neugestaltung 1974/1975.

Das „Kleine Haus" verfügt über eine lange Geschichte. Teile der Anlage stammen noch aus dem 15. Jahrhundert und bilden die älteste Bausubstanz am Kirchplatz.

Davon ist aber nur das Schiff der Kirche zwischen Kanzel und Turm mit den wuchtigen Wänden und den romanischen Fenstern erhalten geblieben. Aus dem heutigen Erscheinungsbild lässt sich kaum ablesen, wie sehr die Kirche Anteil hatte an den politischen Ereignissen der vergangenen Jahrhunderte. Wie bereits gesagt, wurde ein großer Teil des Kirchbaus während einer Fehde zwischen den Bischöfen von Osnabrück und Minden im Jahr 1436 zusammen mit den umliegenden Häusern von den feindlichen Truppen in Asche gelegt. Albert von dem Bussche, seinerzeit Eigentümer der Schlösser Hünnefeld und Ippenburg, nahm sich des Wiederaufbaus an. Dabei wurde der Chorraum völlig neu im spätgotischen Stil wiedererrichtet. Eine lateinische Inschrift am unteren Rand des Freskos in der Apsis weist dafür auf das Jahr 1487 hin.

Ein weiteres wichtiges Datum zur Geschichte der Kirche findet sich über dem Portal des südlichen Anbaues in einem Wappen: 1662. Die Inschrift darunter berichtet, dass Clamor Eberhardt von dem Bussche zu Hünnefeld zum Gedächtnis seines mit 19 Jahren in der Universität Straßburg verstorbenen Sohnes diese sogenannte „Neue Kirche" erbaut hat zur „Beförderung des Gottesdienstes der benachbarten Bedrängten". Gegen Ende des 16. Jahrhunderts war die Kirche in Essen evangelisch geworden, und dieser Bekenntnisstand wurde auch in dem Visitationsprotokoll des katholischen Generalvikars Lucenius vom März 1625 festgestellt.

Patrizierhaus mit Vorgarten auf der Rückseite des Kirchplatzes an der Lindenstraße.

Blick auf den Kirchturm der Bad Essener St. Nikolai Kirche mit Uhr, Wetterhahn und Welt-kugel auf der Spitze vom Kirchplatz aus.

Da diese Protokolle im Westfälischen Frieden, der den Dreißigjährigen Krieg beeendete, für die Regelung der konfessionellen Verhältnisse zugrunde gelegt wurden, blieb Essen evangelisch. Die Kirche im benachbarten Schledehausen allerdings wurde der katholischen Konfession zugesprochen, obwohl sich dort nur noch wenige Bürger zum katholischen Glauben bekannten. Den „bedrängten" Evangelischen blieb nur der Weg über das Wiehengebirge nach Essen, um die evangelische Verkündigung zu hören. Mit dem Anbau wurde der dafür notwendige Platz geschaffen. Das Innere der Kirche wurde 1964/65 grundlegend restauriert. Dabei wurden u. a. die lange Zeit übertünchten Konturenmalereien in den Gewölben des Vorchores mit ihren Darstellungen aus der Paradiesgeschichte als bemerkenswert wieder hervorgeholt, außerdem die Narrenköpfe im vorderen Zwickel und das schon erwähnte Fresko in der Apsis, das Christus als Weltenrichter darstellt mit Johannes dem Täufer und Maria.

Auf der Südseite der St. Nikolai Kirche liegt der **Karlsplatz**, einst Versammlungsort für die Bürger Essens. Dort, wo heute ein Denkmal an die Opfer des deutsch-französischen Krieges von 1870/71 erinnert, stand zu früherer Zeit eine alte Linde, unter der die freien Bürger ihre Versammlungen abhielten. Als der Karlsplatz noch von einer mächtigen Eiche überschattet wurde, fasste man das Denkmal 1977 mit einer Sandsteinmauer ein. Der Erzählung nach gab der Kaufmann und Standesbeamte Karl Stiegemeyer dem Platz seinen Namen, denn aus der plattdeutschen Bezeichnung „Korl sien Platz" - verkürzt

Im alten Hotel Sieck fanden früher wichtige Versammlungen statt. Im Hintergrund ist die alteingesessene Bäckerei Titgemeyer zu sehen.

In unmittelbarer Nähe zur St. Nikolai Kirche liegt die „Alte Apotheke" mit ihrer kleinen Museumsapotheke, in der alles so geblieben ist wie zu Urgroßvaters Zeiten.

„Korl's Platz" - wurde im Hochdeutschen der „Karlsplatz". Dem Karlsplatz gegenüber liegt das heutige „Haus am Karlsplatz", früher das Schullandheim der „Schule an der Carl-Schurz-Straße" in Bremen, das über 44 Heimplätze verfügte. Zuvor diente das Fachwerkhaus als Gast- und Pensionshaus, das zuletzt vom damaligen Bürgermeister Hans Winterhalter betrieben wurde, bevor er es dem Bremer Schulverein als Schenkung übertrug. Auf der Nordseite des Gebäudes, unmittelbar neben dem Hauseingang, weist eine hölzerne Erinnerungstafel auf die Gründung des Wiehengebirgsverbandes am 16. August 1908 in Bad Essen hin. Der Wiehengebirgsverband ist Träger des weithin bekannten „Wittekindswegs", der über den Kamm des Wiehengebirges von Osnabrück bis zur Porta Westfalica an der Weser (95 km) führt. In der ersten Hälfte des 18. Jahrhunderts wurde die Apotheke vom Kirchplatz in das gegenüber liegende Fachwerkgebäude an der Nikolaistraße verlegt. Wie eine Inschrift auf einer Winde besagt, wurde das Bauwerk am 6. Dezember 1726 vollendet. Im oberen Stockwerk befindet sich auch ein kleiner Saal mit Ofennische, der im Jahre 1971 wieder in den urprünglichen Zustand gebracht wurde. Ursprünglich hatte die Apotheke eine große Einfahrt, wie sie fast jedes Haus im alten Essen hatte, da alle Einwohner mehr oder weniger von der Landwirtschaft lebten und Stallungen benötigten. Das Gebäude soll ursprünglich der Familie von dem Bussche als Gast- und Tanzhaus gedient haben und wurde um 1800 umgebaut, bevor die **Apotheke** schließlich vom Kirchplatz an ihren neuen Ort verlegt werden konnte.

In alten Zeiten bildete die Siedlung „Auf dem Kampe" das nördliche Ortsende. Heute beginnt hier die Deutsche Fachwerkstraße auf ihrem Weg durch Bad Essen.

Einfahrt in die Deutsche Fachwerkstraße vom Kreisverkahr am Friedhof aus.

Im Jahr 1818 erwähnt ein Revisionsbericht die Tatsache, dass die Essener Apotheke nach eingehender, gründlicher Prüfung in jeder Beziehung zu den vorzüglichsten des gesamten Distriktes Osnabrück zählte. Im Gebäude der heutigen „Alten Apotheke" Bad Essen befindet sich auch eine kleine Museumsapotheke, die immer noch eingerichtet ist wie in der ersten Hälfte des 20. Jahrhunderts. Für viele Bad Essener hat sie etwas Nostalgisches, war hier doch ihre Apotheke, als die Hausärzte noch Dr. Krönig, Dr. Dunkhase, Dr. Smidt, Dr. Jansen oder Dr. Westphal hießen.

Einen weiteren idyllischen Blickwinkel bietet die obere Bergstraße mit ihren **Ackerbürgerhäusern**. Die Fachwerkhäuser, deren Giebel zur Straßenseite zeigen, wurden überwiegend im 18. Jahrhundert erbaut. In diesen Häusern lebten zumeist Handwerkerfamilien, die mit einer kleinen Landwirtschaft ein „Zubrot" verdienten. Die Fachwerkgebäude, die teilweise renoviert und restauriert wurden, sind als überaus erhaltenswerte Baudenkmale eingetragen und sind heute ebenso wie die Fachwerkhäuser an der Nikolaistraße Bestandteil der Deutschen Fachwerkstraße. Besonders schön herausgeputzt ist der „Buchenhof", der drei alte Gebäude umfasst.

Etwas oberhalb, dort, wo eine grüne Leerfläche auf dem Weg zu den alten Kuranlagen zur kurzen Rast einlädt, stand bis 1974 das alte Badehaus. Bereits 1863 war an dieser Stelle ein rotes Backsteingebäude errichtet worden, das jedoch 1905 Platz machte für ein neues zweigeschossiges Badehaus. Einige Meter von hier in östlicher Richtung liegt die **Meierhof-Anlage**, deren weitreichende Ländereien früher das Dorf völlig einschlossen. Zu dem einst stattlichen Anwesen gehörten neben dem Wohnhaus die Wirtschaftsgebäude, der Schafstall, das Müllerhaus sowie die Wassermühle. Fast alle Gebäude sind in ihrem Fachwerkbaustil erhalten geblieben.

Der mit der Traufenseite und den zwei Dielentoren zur Bergstraße gelegene **Schafstall** des Meierhofes wurde vermutlich um 1795 errichtet. Auf diese Jahreszahl nämlich wird auf einem Eichenbalken über einer der Toreinfahrten hingewiesen. Neben Wohnungen verfügte das Gebäude über Stallungen, in denen einst die Schafe des Meierhofes untergebracht wurden. Das als eingetragene Baudenkmal ist vollständig renoviert und dient als Heimat für den Kunst- und Museumskreis e.V., der hier seit 1986 ein buntes Kulturprogramm mit Konzerten und Ausstellungen anbietet. Auf dem weiteren Weg zu den alten Kuranlagen passiert der Wanderer hier schließlich auch die **alte Wassermühle**, die seit vielen Jahren das Wahrzeichen von Bad Essen bildet.

Um 1780 soll das Mühlengebäude am Essener Mühlenbach in der Form errichtet worden sein, wie sie sich auch heute noch mit ihrem oberschlächtigen Wasserrad mit Sturzgerinne dem Betrachter präsentiert. Bis 1880 hat der Müller Bosse die Mühle für den Meierhof betrieben. Dann stand sie etliche Jahre still, und erst um 1895 übernahm der Müllermeister Pieper die Mühle. Er führte den Betrieb auf eigene Rechnung. 1905 pachtete der Müllermeister Melcher die Wassermühle und übergab sie später seinem

Viele gemütliche Ecken mit altem Fachwerk, bunten Blumen und Pflanzen finden sich mitten im alten Ortszentrum von Bad Essen.

Die Deutsche Fachwerkstraße führt entlang zahlreicher restaurierter Fachwerkbauten, die einen Einblick geben in die Architektur und Bautechnik früherer Jahrhunderte.

An der „Gesundheitsmeile" liegen viele Anbieter von Gesundheitsdiensten wie Apotheke, Optiker, othopädischer Schuhmacher, Hebamme oder physiotherapeutische Praxen.

Den oberen Teil der Deutschen Fachwerkstraße bildet die Bergstraße hinauf bis zur alten Wassermühle und zum Waldhotel.

Im Schafstall finden seit seiner Renovierung 1986 regelmäßig Ausstellungen und Konzerte statt. Hier hat der Bad Essener „Kunst- und Museumskreis e.V." seine Heimstätte gefunden.

Sohn Wilhelm, ebenfalls Müllermeister, der den Mühlenbetrieb noch bis zum Ende des Zweiten Weltkrieges weiter führte. Das hölzerne Wasserrad dreht sich auch heute noch, angetrieben vom Wasser des Mühlenbaches. Das Mühlengebäude beherbergt heute ein kleines Mühlenmuseum, in dem Besucher einen Einblick in das Leben der Müller und die Mahltechnik früherer Zeiten bekommen.

Unterhalb der Mühle wurde das **Müllerhaus** errichtet. Von hier aus führt eine Treppe hoch zum Mühlenteich, der gelegentlich auch als „Schwanenteich" bezeichnet wird. Es ist davon auszugehen, dass der Mühlenteich zusammen mit der Errichtung der Wassermühle angelegt worden ist, denn dessen Wasserreservoir war von Beginn an für den Mühlenbetrieb notwendig. Zunächst wurde das Wasserrad direkt vom Wasser des Mühlenbaches angetrieben. Der Bach verlief zu dieser Zeit westlich neben dem Teich, der lediglich als Rückhaltebecken und als Sandfang diente. Nach dem Zweiten Weltkrieg wurde der Mühlenteich dann jedoch auf der nördlichen Seite erweitert.

So entstand eine kleine Insel, die von Enten und Schwänen gern als Brutplatz genutzt wird. Südlich vom heutigen Mühlenteich liegt der **Peter-Rickmers-Platz**, auf dem sich einst der erste Tennisplatz der Gemeinde befand. Auch ein später dort angelegter Kinderspielplatz musste weichen, als auf dem Grundstück im Jahre 1947 eine auf 227 m ausgelegte Tiefbohrung niedergebracht wurde. Die Arbeiten waren erfolgreich, und so konnte die Sole-Quelle erschlossen werden, mit der ein Ausbau des Badewesens in Angriff genommen werden konnte. Der Landesgeologe Professor Dr. Mestwerth hatte in einem geologischen Gutachten den Bohrplatz festgelegt. Aus dem Brunnen wurde bis zum Ende der 1980er Jahre die Sole gefördert, mit der der Bedarf für das Badehaus, das Sole-Freibad sowie das Hallenbad gedeckt wurde. Unmittelbar neben der Quelle steht heute ein echter chinesischer Pavillon. Die Reederfamilie Rickmers aus Bremerhaven, die ab 1880 in ihrer schräg oberhalb des Badehauses am Wald liegenden Villa einen heute nicht mehr existenten Sommersitz unterhielt, importierte den Pavillon mit eigenen Schiffen. Er wurde am Peter-Rickmers-Platz aufgestellt, um an das Engagement von Peter Rickmers für den aufstrebenden Kurort zu erinnern.

Die alten **Kuranlagen an der Bergstraße,** und zwar vom Mühlenteich hinauf bis zum Waldhotel, wurden nach dem ersten Ausbau der Landesstraße 84 angelegt. Der Straßenausbau wurde in den Jahren 1874 bis 1878 durchgefuhrt. Um 1862 war in dem schmalen Tal mit der Landesstraße eine erste Bohrung vorgenommen worden. Damals konnte ein Sole-Brunnen angelegt werden. Der „Trink-und Badeanstalts-Verein", 1860 als Gründungskomitee ins Leben gerufen und 1863 in Vereinsform eingerichtet, sorgte dafür, dass mit der Sole, wenn auch nur in einfacher Form, Bade- und Trinkkuren durchgeführt werden konnten. Das **Brunnenhäuschen** in den Waldkuranlagen diente bis 1970 als Sole-Trinkhalle.

Die Anlage des Meierhofs wird heute von Arztpraxen genutzt.

Wer Lust auf einen Spaziergang durch den Wald hat, kann sich von hier aus aufmachen zum **Aussichtsturm,** von dem der Besucher einen wunderschönen Rundblick über die Umgebung von Bad Essen hat. Durch die Kuranlagen führt der Weg hinauf bis zum Waldhotel, von dort aus hoch zum Alten Berghaus, wo man früher den Schlüssel für den nahe gelegenen Turm abholen musste; heute ist der Eingang stets offen. Allerdings steht der alte Aussichtsturm aus dem Jahr 1898 schon lange nicht mehr. Er wurde ersetzt durch einen modernen Betonturm, der auch der Satellitentechnik dient. Vom Turm aus geht es dann wieder hinab in Richtung Wassermühle und Schwanenteich. Der Zeitbedarf für diese Extra-Schleife liegt bei etwa einer Stunde.

Am Nordhang des Wiehengebirges entlang führt der Weg durch die Kuranlagen ober-halb des Vitalis-Wohnparks und der ehemaligen Charlottenburg-Klinik, heute Neu-rozentrum Niedersachen, zurück in den Ort zur **SoleArena,** dem Wahrzeichen der niedersächsischen Landesgartenschau von 2010, und zum **Sole-Freibad,** das mit einem für die damalige Zeit beachtlichen Kostenaufwand von über 500.000 DM 1957/1958 erbaut wurde. Die Anlage verfügt über ein Schwimmbecken von 50 x 18 m, ein kinder-freundliches Planschbecken mit Rutsche und eine reizvolle Liegewiese.

Sie zählt auch heute noch – obwohl inzwischen über 50 Jahre alt - zu den schönsten Freibadanlagen im norddeutschen Raum. Eine Besonderheit: Durch drei Unterwasser-

Die alte Wassermühle steht in einer Tradition, die bis in das Jahr 1359 zurückgeht. Damals wurde erstmals eine Mühle in Essen erwähnt.

Von der „Himmelsterrasse" aus hat der Wanderer einen herrlichen Ausblick auf die Norddeutsche Tiefebene, die sich nördlich des Wiehengebirges erstreckt.

fenster in der Wand des Tauchbeckens unter dem Sprungturm kann den Bewegungen der Taucher und Schwimmer im „nassen Element" zugeschaut werden.

Zur Landesgartenschau 2010 sind die Parkanlagen rund um das Sole-Freibad völlig neu gestaltet worden. Im Zentrum des **Sole-Park**s am Nordhang des Wiehengebirges oberhalb der Platanenallee befindet sich die „SoleArena", eine der Hauptattraktionen der Ausstellung. Der Besucher kann hier in einem kleinen Gradierwerk die aus Bad Essener Sole gewonnene salzhaltige Luft inhalieren, und dabei in einer einmaligen Anlage nicht nur seitlich in den Park, sondern durch das offene Dach auch in den Himmel hinein blicken. Sehenswert im neu angelegten Park ist auch die Himmelsterrasse, von der aus der Besucher einen Blick über den gesamten Ort hinweg auf die Norddeutsche Tiefebene werfen kann

Wer unterhalb der Freibadablage der Straße „Am Freibad" folgt und bei erster Gelegenheit rechts abbiegt, kommt auf die am Eingang zum Kirchplatz gelegene **Tourist-Information** zu, die weitere Informationen über den Ort bereit hält. Von hier aus sind es dann auch nur noch wenige Schritte zurück zum Ausgangspunkt.

Seit 1958 bietet das Sole-Freibad seinen Badegästen die Möglichkeit, in herrlicher Umgebung an der frischen Luft in Salzwasser zu plantschen oder zu schwimmen.

Zur Niedersächsischen Landesgartenschau 2010 neu entstanden ist die „SoleArena", ein kleines Gradierwerk, in dem Besucher vernebelte Sole inhalieren können.

Bad Essen - 17 Ortschaften, eine Gemeinde

Ein wichtiges Datum für die Entwicklung der heutigen Gemeinde Bad Essen bildet der 1. Juli 1972. Das war der Tag, an dem das am 10. Mai 1972 vom Niedersächsischen Landtag verabschiedete Gesetz zur Neugliederung der Gemeinden im Raum Osnabrück in Kraft trat. Dieses Gesetz, das später als „Osnabrück-Gesetz" in den Sprachgebrauch der Bevölkerung und der Behörden einging, bestimmte im § 17: „Die Gemeinden Bad Essen, Barkhausen, Brockhausen, Büscherheide, Dahlinghausen, Eielstädt, Harpenfeld, Heithöfen, Hördinghausen, Hüsede, Linne, Lintorf, Lockhausen, Rabber, Wehrendorf, Wimmer und Wittlage (Landkreis Wittlage) werden zu einer Gemeinde Bad Essen zusammengeschlossen." Was hier von der Landesregierung verfügt worden war, entsprach keineswegs dem Willen der gesamten Bevölkerung. Verfolgte das Land die Strategie, viele kleine, ehemals eigenständige Ortschaften zu großen Verwaltungseinheiten zusammenzuschließen, so fürchteten diese Ortschaften um ihre Selbstbestimmung. Die Skepsis und Distanz wuchsen umso mehr, je mehr man die eigenen Entscheidungsspielräume gefährdet sah. Und so musste das, was politisch gewollt war, nun im Alltag umgesetzt werden.

Dabei waren 1970 vor allem in den östlichen Gemeindeteilen Stimmen laut geworden, die aus Rücksichtnahme auf deren historische Zugehörigkeit zur Angelbecker Mark eine eigene Gemeinde gründen wollten, die eben den Namen „Angelbeck" tragen und von der Gemeinde „Bad Essen" getrennt sein sollte. Als weitere Gemeinden des Wittlager Landes sollten Bohmte, Ostercappeln und Venne/ Hunteburg ins Leben gerufen werden. Doch fand diese im Landkreis Wittlage favorisierte „Fünfer-Lösung" bei der Landesregierung wenig Gegenliebe, und sie entschied letztlich zugunsten einer Dreier-Lösung mit den neu zu bildenden Gemeinden Bad Essen, Bohmte und Ostercappeln, die bis in die Gegenwart Bestand hat.

Damit stand Bad Essen 1972 vor einer Aufgabe, die mancher nicht gewollt hatte – die Aufgabe der Integration von 17 Ortschaften auf Gemeindeebene. Dabei traf ein damals im Ostteil der Gemeinde noch stark landwirtschaftlich ausgerichtetes Dorfwesen mit einigen größeren Industriebetrieben wie Hamker, Kesseböhmer, Rabewerk und Niedersachsenwerk, die allesamt typische Beispiele der Industrieansiedlung in agrarischen Regionen darstellten, auf einen Westteil der Gemeinde, in dem mit Ausnahme des Wehrendorfer Klinkerwerks Argelith eher Handel und Kleingewerbe, Verwaltung sowie Kurleben und Gastronomie im Vordergrund standen. Unter diesen Voraussetzungen war es nicht einfach, einen von allen Seiten akzeptierten Raumordnungsplan zu schaffen. Und es sollte Jahre dauern, bis die „Kleinstaaterei" der Ortschaften im Gemeinderat überwunden wurde und eine von allen Seiten getragene Vision des Gemeinwesens „Bad Essen" an deren Stelle trat. Inzwischen ist dieser Prozess jedoch zum Abschluss gekommen. Symbolisch dafür ist das seit 2007 stattfindende Drachenbootrennen auf dem Bad Essener Hafenfest, zu dem alle Ortschaften der Gemeinde jeweils ein eigenes Boot ins Rennen schicken können. Mit diesem „Hafenfest" hat die Gemeinde eine Großveranstaltung ins Leben gerufen, an dem sämtliche Ortschaften beteiligt sind. Wie die ersten Jahre gezeigt haben, stehen dabei Spaß und Ausgelassenheit im Mittelpunkt, bei aller „Konkurrenz" untereinander. Und so verfügt die Gemeinde erstmals über einen kulturellen Fixpunkt, bei dem sich alle einfügen – ein wichtiger symbolischer Schritt in Richtung Integration der unterschiedlichen innergemeindlichen Interessen.

Heute bildet der Ort Bad Essen selbst ein regionales Zentrum für Einkauf und Gastronomie, in sicherer Distanz zu den Großstädten Osnabrück und Bielefeld sowie den Städten Minden und Diepholz. Hier konnte eine Angebotsstruktur aufrechterhalten werden, wie man sie sonst nur in kleinstädtischer Umgebung findet. Ein kleines Subzentrum im Osten der Gemeinde bildet Lintorf, das nach wie vor über eine eigene dörfliche Infrastruktur verfügt.

Die Drachenbootrennen bilden den Höhepunkt des Bad Essener Hafenfestes, an dem alle Ortschaften der Gemeinde beteiligt sind.

Fährt man zwischen Frühjahr und Herbst durch die Gemeinde, so finden sich in fast allen Orten Zeugnisse des ehemals bäuerlichen Lebens wie alte Dorfglocken, Fachwerkhäuser und Hofanlagen mit großen Gärten, bestellte Felder und Obstplantagen, die das Schöne und Typische dieses Landstrichs in den Blick rücken. Es ist die ländliche Idylle, die den Ortschaften der Gemeinde ihren Charme verleiht.

Wer von Osten her über die Bundesstraße 65 in die Gemeinde Bad Essen gelangt, trifft zunächst in Dahlinghausen und Hördinghausen auf zwei landwirtschaftlich geprägte Ortschaften, in denen noch so manches traditionelle niedersächsische Fachwerkhaus zu sehen ist. Entlang des Wiehengebirges folgt linker Hand der frühere Kirchspielort Lintorf mit seiner verträumten Kirchhofanlage, die einige malerischen Ecken aufweist, während es kurz hinter der alten „Wimmer Mühle" rechts ab nach Wimmer und weiter nach Heithöfen geht. In Wimmer steht die wohl älteste Kapelle der Gemeinde, und in ihrer unmittelbaren Umgebung liegt die „Wimmer Schule", heute das Kommunikationszentrum der Ortschaft. Von hier aus gelangt man in das Wimmer und Heithöfener Bruch mit seinen Wiesen und Waldgebieten, in denen man Ruhe und Einsamkeit finden kann, etwa um wild lebende Tiere zu beobachten. Biegt man jedoch nicht rechts ab und folgt man dem Verlauf der Bundesstraße 65 weiter in Richtung Westen, so gelangt man nach Rabber, einem weiteren alten Kirchspielort der Gemeinde. Wer von hier aus links abbiegt in Richtung Wiehengebirge gelangt hinauf in das Huntetal, entlang Gut Krietenstein zu den Saurierspuren in Barkhausen. Das Huntetal bietet eine der schönsten Landschaften der Gemeinde und kann als Ausgangspunkt zu einer Wanderung oder einer Fahrt nach Büscherheide genutz werden, wo der Besucher auf das „Vier-Länder-Eck" stößt, an dem sich noch im frühen 19. Jahrhundert die Ämter Wittlage und Grönenberg (Melle) sowie die Kreise Lübbecke und Bünde berührten.

Wer diesen Richtungswechsel vermeidet, gelangt über die Bundessraße 65 entlang des nördlich gelegenen Brockhausen zum alten Amtssitz Wittlage, passiert die Ortschaften Lockhausen und Harpenfeld und kommt schließlich nach Wehrendorf. Hier und in Dahlinghausen befanden sich einst die wichtigsten Zollstellen, die das Wegegeld für die Straßenbenutzung im Amt Wittlage einkassierten. Eine landschaftlich reizvolle Querverbindung führt von Bad Essen in südöstlicher Richtung über Eielstädt, Hüsede und Linne bis hin in das Huntetal. Dabei folgt der Weg dem Nordhang des Wiehengebirges mit teilweise weitem Blick in die tiefer liegenden Ortschaften, Felder sowie Bruch- und Wiesengebiete.

Die Gemeinde Bad Essen ist damit eingebettet in ein abwechslungsreiches Landschaftsbild. Dies gilt nicht allein für den Kurort, sondern auch für die 16 Ortschaften des zu der Gemeinde zählenden Umlands mit ihren Wäldern, Tälern und Kulturlandschaften. Der Ort Bad Essen bildet das Zentrum des 103 km^2 großen Areals, auf dem zusammen etwa 15.600 Einwohner leben. Hier sind sämtliche Schulformen des allgemeinen Schulwesens ansässig inklusive Gymnasium. Komplettiert wird das

Bildungsangebot von der Volkshochschule, der Musikschule und der Kunstschule. Verschiedene Einrichtungen für Kinder bieten in der gesamten Gemeinde Bad Essen gute Unterbringungsmöglichkeiten für den Nachwuchs, ebenso wie sich eine Vielzahl an Angeboten um die Senioren kümmert. Ob in einer Wellness-Wohnanlage, in Häusern mit betreutem Wohnen, durch ambulante Hilfedienste oder in stationärer Unterbringung von Alten- und Pflegeheimen, hier bietet die Gemeinde Bad Essen verschiedene Optionen.

„Sehenswert, lebenswert und einfach gemütlich"- das ist das Motto, das sich die Gemeinde Bad Essen gegeben hat als Leitlinie für die Ortsentwicklung. Und so formuliert sie einen Anspruch, an dem sie sich konkret messen lassen will. Entsprechend bietet Bad Essen auch für Menschen mit gehobenen Ansprüchen ein breites Angebot aus medizinischer Versorgung, Sport- und Einkaufsmöglichkeiten, kulturellen Ereignissen und Lebensfreude. Und das in einer architektonischen Umgebung, die auf Bewahrung von Tradition und ländliche Gemütlichkeit setzt.

Am Nordhang des Wiehengebirges zwischen Hüsede und Linne liegt das alte Försterhaus, das liebevoll restauriert ist.

Die Dorfglocke in Linne erinnert an Zeiten, in denen dem Brandschutz und der freiwilligen Feuerwehr aufgrund der stetigen Brandgefahr weit mehr Bedeutung zukamen als heute.

Fachwerkimpression am Lintorfer Kirchplatz, einst Mittelpunkt des Kirchspiels Lintorf.

Malerische Ansichten finden man an vielen Stellen im Huntetal zwischen Linne und Barkhausen, das man am besten zu Fuß oder mit dem Fahrrad erkundet.

Überall in der Gemeinde finden sich prächtig restaurierte Einzelhofanlagen, die aufgrund ihrer Bauweise typisch sind für den Landstrich rund um Bad Essen.

Mitten durch die weite Landschaft führen die Gleise der früheren Wittlager Kreisbahn, wie hier am Bahnübergang nahe dem Rabewerk mit moderner Signaltechnik ausgestattet.

Speicher auf einem altem Hofanwesen in Wehrendorf, an der Straße nach Schledehausen am Ortsausgang gelegen.

Ob in Heithöfen, Barkhausen, Hüsede oder Eielstädt – vielerorts trifft man auf wie hier auf Obstwiesen, auf denen Pferde oder Kühe weiden.

Früher lief der gesamte Verkehr über die Bundesstraße 65 direkt an der Kirche in Rabber vorbei; inzwischen hat eine Verlegung der Ortsdurchfahrt hier für ruhigere Zeiten gesorgt.

Gesundheitsstandort Bad Essen

Bad Essen verfügt als staatlich anerkanntes Sole-Heilbad über ein beheiztes Freibad mit Solewasser, das ergänzt wird von medizinischen Bädern, Moorbädern, Fango- und Moorpackungen, Photo-Sole-Therapie und Sauna. Um den Bewegungsapparat kümmern sich verschiedene krankengymnastische Praxen, die neben Massage und Ergotherapie auch Step-Aerobic sowie ein gesundheitsorientiertes Krafttraining anbieten. Asiatische Heilerkenntnisse finden sich in chinesischen Massagen, Qi Gong und Tai Chi Chuan wieder, im Zentrum für Traditionelle Chinesische Medizin (TCM) wird noch viel mehr angeboten. Verschiedene Fachkliniken runden Bad Essens Gesundheitseinrichtungen ab. Abwechslung beim Bewegen im Freien bieten der Waldkurpark mit Wassertretstelle und das Erfahrungslabyrinth („Park der Sinne"). Zudem verfügt der Ort über ein dichtes Netz an niedergelassenen Ärzten und Fachärzten, das fast den gesamten medizinischen Bereich abdeckt.

Den Alltag vergessen und die Seele baumeln lassen – in Bad Essen findet der Besucher vielfach Gelegenheit, abzuschalten und sich zurück zu lehnen. So hält die Gastronomie ein breit gefächertes kulinarische Angebot bereit. Ob im Biergarten, auf dem Kirchplatz, ob in der urigen Kneipe oder dem gediegenen Restaurant, für Variation ist gesorgt, mit Angeboten aus der deutschen und internationalen Küche. Mit einer Vielzahl an kleinen Geschäften hat sich Bad Essen den Charakter eines regionalen Subzentrums bewahrt. So lädt der Ort ein zu einem Schaufensterbummel entlang der Lindenstraße und über den Kirchplatz. In fast 100 Läden findet sich fast alles, was das Herz begehrt. Boutiquen und Schmuckgeschäften, Schuhläden, Apotheken und Sanitätshäuser, Hörgeräte oder Brillen, Buchläden oder Biobäcker säumen das Straßenbild des Gesundheitsstandorts, dessen Rückgrat die Reha-Einrichtungen der Dr. Becker Klinikgesellschaft und der Paracelsus-Kliniken Deutschland bilden.

Mitten im Kurpark am Sole-Freibad liegt die Charlottenburg-Klinik, in deren Räumlichkeiten am Nordhang des Wiehengebirges die Dr. Becker Klinikgesellschaft 2009 ihr Neurozentrum Niedersachsen eröffnet hat, das auf den neuesten Erkenntnissen der Neurowissenschaften basiert und eine Rehabilitation auf höchstem Niveau ermöglicht. Ausgestattet mit modernster Technik und neuesten medizinisch-therapeutischen Konzepten bietet das Haus Rehabilitationsleistungen für Patienten nach Akutereignissen wie auch bei chronischen Erkrankungen mit ihren komplexen Anforderungen. Damit ist die Klinik für Patienten mit Schlaganfall, Schädel-Hirn-Trauma, Verletzungen des Rückenmarks, Hirn- und Rückenmarksblutungen, entzündliche Erkrankungen des Zentralnervensystems, Morbus Parkinson, Behandlung nach neurochirurgischen Eingriffen sowie mit neuromuskulären Störungen ausgelegt. Aufgrund der hohen Nachfrage nach den qualitätsgesicherten Rehabilitationsangeboten realisierte das Dr. Becker Neurozentrum Niedersachsen im Frühjahr 2010 seine zweite Ausbaustufe und bietet seither eine stationäre neurologische Rehabilitation mit 89 Plätzen an.

Auf dem Essenerberg befindet sich die Paracelsus-Berghofklinik, die sich auf die Behandlung von Abhängigkeitserkrankungen spezialisiert hat. Sie bietet hier acht- bis 16-wöchige Behandlungen in landschaftlich reizvoller Umgebung am Rande des Kurortes Bad Essen an. Seit ihrer Eröffnung im Jahr 1977 behandelt die Berghofklinik hier oben auf dem Kamm des Wiehengebirges jährlich ca. 500 Patienten und Patientinnen. Die Berghofklinik bildet gemeinsam mit der in unmittelbarer Nachbarschaft liegenden Wittekindklinik, in der psychische und psychosomatische Erkrankungen behandelt werden, das Paracelsus-Therapiezentrum Bad Essen. Berghofklinik und Wittekindklinik arbeiten dabei jedoch patientenbezogen als eigenständige Häuser. Die Berghof-Klinik verfügt über 130 Betten und nimmt erwachsene Frauen und Männer auf. Kinder im Alter von 0-6 Jahren können in Einzelfällen nach vorheriger Absprache als Begleitkinder für die Dauer der Therapie mit aufgenommen werden. Die Paracelsus-Wittekindklinik ist eine Rehabilitationseinrichtung zur Behandlung von Patienten mit psychischen und psychosomatischen Störungen. Sie verfügt über 100 Betten, die von durchschnittlich 600 Patienten/ Patientinnen pro Jahr belegt werden.

Im Ortsteil Hüsede befindet sich mit der Wiehengebirgsklinik eine dritte Einrichtung der Paracelsus-Gruppe, auf deren abseits gelegenem Parkgelände der Träger die Rehabilitation von Alkohol- und Medikamentenabhängigen betreibt. Als Facheinrichtung legt die Wiehengebirgsklinik ihren Schwerpunkt auf die Entwöhnung von alkohol- bzw. medikamentenabhängigen Männern und Frauen, wobei die Belegung des Hauses durch alle Renten- und Krankenversicherungsträger erfolgt. Auch Privatpatienten und Selbstzahler befinden sich unter den Patienten. Die Klinik selbst liegt in einem großen Park mit altem Baumbestand. Minigolf, Bocciabahn und Schachspiel laden zur Bewegung an der frischen Luft ein. Jeder Patient erhält ein Fahrrad und kann in dem ebenen Gelände leicht den etwa drei Kilometer entfernten Kurort Bad Essen erreichen. Die Klinik ist in dem ehemaligen Schwefelbad „Bad Hüsede" angesiedelt, und es herrscht eine familiäre und wohnliche Atmosphäre auf dem alten Bad-Gelände, das insgesamt ca. 150 Patienten unterbringen kann. Auf dem Gelände befinden sich auch eine Cafeteria, eine große Terrasse, eine Bibliothek, eine Mehrzweckhalle sowie Sauna und die Ergotherapie-Räume.

Unmittelbar in den Parkanlagen beim Sole-Freibad steht das Neurozentrum Niedersachsen der Dr. Becker Klinikgesellschaft.

Auf dem Essenerberg liegt die „Berghofklinik", die aus dem 1907 erbauten „Neuen Berghaus" hervorgegangen ist und von 1939 bis 1972 von der LVA Oldenburg betrieben wurde.

In unmittelbarer Nachbarschaft zur Berghofklinik liegt die „Wittekindklinik", die ebenfalls von der Paracelsus Kliniken Deutschland GmbH betrieben wird.

Auch die Wiehengebirgsklinik, die sich aus der alten Anlage von Bad Hüsede entwickelt hat, gehört zur Paracelsus-Gruppe.

Ausflugsziel Saurierspuren Barkhausen

Die in Barkhausen zutage tretenden Saurierspuren sind 150 Millionen Jahre alt und sehen doch erstaunlich frisch aus. Nach wie vor bilden sie eines der beliebtesten Ausflugsziele im gesamten Osnabrücker Land. Sie sind darüber hinaus auch das bedeutsamste Naturdenkmal der Region. In Niedersachsen gibt es inzwischen einige berühmte Fundstellen von Dinosaurier-Fährten. Die ältesten liegen jedoch in dem Steinbruch bei Barkhausen. Sie stammen aus dem Ober-Jura. Die dreizehigen, 63 cm langen Fußabdrücke werden Megalosaurus zugeschrieben, dem größten aus Deutschland bekannten Raub-Dinosaurier.

Seine Spuren folgen der Fährte von Sauropoden und Carnosaurus, riesigen Pflanzenfressern. Fußabdrücke von Sauriern sind an sich schon eine sehr seltene Angelegenheit. Nur wenigen Geologen gelingt ein solcher Fund. Die Fährten, die 1921 nahe Bad Essen entdeckt wurden, warten aber zusätzlich noch mit einigen Besonderheiten auf, die sie zu einem Objekt von internationaler Bedeutung machen. So sind hier an einer Stelle nicht nur die Fußabdrücke einer einzelnen Saurierart erhalten. Verschiedene Gattungen der Riesenreptilien wateten hier in der Jurazeit durch den weichen Schlamm. „Sind die denn die Wand hochgelaufen?" lautet eine der meistgestellten Fragen im Sauriersteinbruch. Denn die Felsplatte mit den Abdrücken ist, wie alle Gesteinsschichten im Wiehengebirge, steil aufgerichtet. So ist hier nicht nur ein Augenblick aus der Jurazeit im Gestein festgehalten worden, sondern gleichzeitig werden die enormen Kräfte deutlich, die auch bei uns in den folgenden Epochen die Landschaft in Falten legten. Der Besuch des Steinbruchs bei Barkhausen wird von vielen Wanderern, die den fast 100 km langen Wittekindweg von Osnabrück nach Porta-Westfalica entlang kommen, als der Höhepunkt auf ihrem an Sehenswürdigkeiten reichen Weg gesehen. Das hier angelegte geologische Freilichtmuseum bietet zugleich Gelegenheit zu einer kleinen Rast im Grünen. Hier finden Besucher auf Schautafeln auch interessante Informationen zu den Fährten, die im Steinbruch von Barkhausen wieder ans Licht der Öffentlichkeit kamen.

In den letzten Jahren wurde der Steinbruch auch als Veranstaltungsort für Konzerte und Gottesdienste genutzt, die hier aufgrund der räumlichen Gegebenheiten eine ganz eigene akustische Atmosphäre aufweisen.

Die ältesten Einwohner der Umgebung von Bad Essen sind 150 Millionen Jahre alt und haben ihre Spuren in einem Steinbruch in Barkhausen hinterlassen.

Die Anlage der Saurierspuren ist ein archäologisches Kleinmuseum, das seit 1921 viele Besucher anzieht.

Gartenfestivals auf Schloss Ippenburg

Am Rande der Norddeutschen Tiefebene, inmitten der Wiesen- und Sumpflandschaft der Hunteniederung liegt, verborgen hinter hohen Kastanien, das Schloss Ippenburg, seit mehr als 600 Jahren im Besitz der Familie von dem Bussche-Ippenburg. Das Bauwerk ist mit seinen 100 Zimmern und noch mehr Fenstern von eindrucksvoller Größe. Zu dem Schloss gehören etwa 300 ha Ackerland und 330 ha Wald, die bis in die Gegenwart bewirtschaftet werden. Hinzu kommt heute eine Gartenanlage, die nach dem Vorbild englischer Cottagegärten angelegt wurde.

Die Gartenfestivals auf dem Gelände von Schloss Ippenburg gehören seit 1998 zum festen Programmpunkt der deutschen Gartenfestivals und bilden einen weit über die Grenzen des Wittlager Lander hinaus wahrgenommene Höhepunkte des kulturellen Lebens. Jährlich besuchen zehntausende Gäste die verschiedenen Termine der Gartensaison, die neben den Ausstellungen ein Kulturprogramm und Stände mit kulinarischen Genüssen inmitten von Gärten und Natur mit einbeziehen. Mit den Ippenburger Gartenfestivals hat sich Viktoria Freifrau von dem Bussche großen Respekt erarbeitet, und ihre Festivals zählen heute zu den ersten Adressen der europäischen Gartenmessen. Farbenprächtig, duftend, phantasie- und kunstvoll, zuweilen auch rätselhaft, zeigen sich dann die ganz unterschiedlich gestalteten Schaugärten rund um das Schloss. Ein „Garten in den Wolken", Kuriositäten im „magischen Gartenkabinett", opulente Stauden, die Roseninsel: Ippenburg beeindruckt mit Farbenpracht, Pflanzenfülle und kreativen Garten-Präsentationen in den Parkanlagen und Ausstellungsgärten.

Erstmals urkundlich erwähnt wurde Ippenburg 1345 als „Ybbenborg". Von da an bis zum heutigen Schloss, das bereits das dritte an seiner Stelle ist, war es ein langer Weg, der damit begann, dass der Ritter Johann von dem Bussche, Sohn des Limberger Burgmannes Albert von dem Bussche, sich Ende des 14. Jahrhunderts in die Sümpfe der Hunteniederung zurückzog, um hier eine Festung zu errichten. Er kam vom Limberg, und seine Familie verfügte bereits über einige Güter im Ravensberger Land. In seinem Wappen führte er drei Pflugschare, die man wohl als einen Hinweis auf ein landbauliches Interesse verstehen kann, doch dürfte die Wahl des Standortes eher nach strategischen Überlegungen ausgefallen sein. Denn die Hunteniederung stand noch bis in die 1950er Jahre häufig unter Wasser, und oft musste triefend nasses Heu mit den Händen von den Wiesen getragen werden. Im Sommer badeten die Kinder auf den Feldern, im Winter liefen sie dort

Schlittschuh. Um seine Position im Bruch der Essener Mark zu festigen, sollte die Ippenburg nach den Vorstellungen ihres Bauherrn ein möglichst festes und sicheres Anwesen werden. Doch genau dieses versuchte der Bischof von Osnabrück zu verhindern, indem er dem Erbauer verbot, eine steinerne Festung zu errichten. Am 20. August 1390 gelobte Johann von dem Bussche vor dem Richter in Osnabrück, dieses Haus nicht aus Stein zu bauen und verpflichtete sich, die Burg dem Bischof jederzeit offen zu halten, ihm ein Vorkaufsrecht einzuräumen und keinen Weg durch das Bruch ohne seine Genehmigung anzulegen. Und so erscheint die erste Burg in alten Darstellungen stets als Fachwerkbau. Lediglich für die Fertigstellung des Erdgeschosses waren Steine verwendet worden. Allen Forderungen des Bischofs zum Trotz war die Ippenburg also mit einem steinernen Unterbau versehen worden, der seinerseits rundum mit Schießscharten ausgestattet war und sich nur über eine Zugbrücke erreichen ließ, was die Anlage zu einer nur schwer einnehmbaren Festung machte.

Im Erdgeschoß der fast quadratischen Burganlage mit schmalem Innenhof lagen Kapelle, Küche, Ritter- und Knappenwohnung und die Rüstkammer. Im zweiten Stock befanden sich der Ritter- und der Büchersaal, die Junkernstube und eine Gastwohnung. Die erste Burg stand bis 1811, war jedoch bereits nach dem 30jährigen Krieg zugunsten eines Herrenhauses im Stil des ländlichen Barock aufgegeben worden. Dieses Herrenhaus stand an der Stelle des heutigen Schlosses und verfügte über zwei Gebäudeflügel, deren Mittelteil bis 1756 einen Barockgiebel hatte, der jedoch durch einen Blitzeinschlag zerstört wurde. Schließlich wurde die alte Ippenburg wegen Baufälligkeit niedergelegt. Und einige Jahre später, nach verschiedenen Renovierungen, wurde 1862 auch das Herrenhaus abgerissen, das vom Steinschwamm befallen war. Auf den Fundamenten des Herrenhauses errichtete Graf Wilhelm von dem Bussche zwischen 1862 und 1867 das heutige Schloss. Das ausschließlich durch Handwerker aus der Region erbaute Schloss besteht aus Ibbenbürener Sandstein. Sowohl seiner Größe nach als auch von seinem Baustil her stellt es im Osnabrücker Land eine Besonderheit dar. Die neugotische Anlage wurde bis in kleinste Details hinein durchgehalten, was heute noch an den Holzarbeiten im Treppenhaus und an der Holzdecke im Gobelinsaal sichtbar ist. Als typisch für das späte 19. Jahrhundert gilt dabei die Verwendung sakraler Elemente in Bereichen wie der Eingangshalle.

Der Schlossgarten ist eine Leidenschaft der heutigen Besitzer Philip und Viktoria von dem Bussche. Die jetzige Gartenanlage entstand seit Mitte der 1980er Jahre eingebettet in eine Wald- und Wiesenlandschaft. Historische Gartenbereiche, soweit sie noch vorhanden waren, wurden erhalten. Uralte Eichen, Kastanien und Buchen finden sich im Umfeld des Schlosses und geben einen reizvollen Rahmen für die Gebäude und die einzelnen Schaugärten. Im Jahr 2010 war der Ippenburger Schlosspark mit seinen nach dem Vorbild englischer Schlossgärten gestalteten Anlagen Bestandteil der Niedersächsischen Landesgartenschau, die insgesamt 512.922 Gäste in die Schlossgärten sowie den Solepark und das Ortszentrum von Bad Essen lockte.

Die Gartenanlagen von Schloss Ippenburg sind regelmäßig Schauplatz von Gartenfestivals. 2010 waren sie auch in die Niedersächsische Landesgartenschau Bad Essen einbezogen.

Alter Baumbestand, Wassergräften und viele kleinere Schaugärten beindrucken die Besucher mit ihrer Vielfalt und ihren gestalterischen Ideen.

Mitten in den Parks liegt das Schloss Ippenburg, das in der Zeit von 1862 bis 1867 errichtet wurde.

Schloss Hünnefeld: Schlossmuseum und „Alte Rentei"

Hünnefeld wurde erstmal im Jahre 1146 urkundlich erwähnt. Im 13. Jahrhundert als Wasserburg angelegt wurde das heutige Schloss Hünnefeld zwischen 1600 und 1614 zu einer dreiflügeligen, zweigeschossigen Schlossanlage umgebaut. Von der einstigen Wasserburg zeugen heute noch zwei Wassergräben, die die Anlage umgeben. Das neben dem dreiflügeligen Haupthaus auffälligste Gebäude stellt der 1710 im Wirtschaftshof errichtete Taubenturm dar. Der weiße, runde Turm mit Spitzdach hat an seiner Außenwand etliche Einfluglöcher für die Tauben. Der zum Schloss gehörige Barockgarten wurde um 1800 in einen prachtvollen englischen Landschaftsgarten umgewandelt. Seine vielen exotischen Bäume wie der Liriodendron, der Maronenbaum, der Urweltmammutbaum oder der Gingko stammen noch aus der Entstehungszeit. Heute bietet das Schloss Hünnefeld dem Besucher ein kleines Schlossmuseum und das Café „Alte Rentei".

Hünnefeld ist der älteste Rittersitz des Wittlager Landes. Seine Wasserburg befand sich anfänglich im Besitz der Familie von Hünnefeld, wobei das Gut ursprünglich aus der oberen und unteren Burg bestand. Am 17. März 1447 gelangte das Schloss in den Besitz von Albert von dem Bussche, der bereits das nahe gelegene Schloss Ippenburg besaß. Durch Erbteilung trennten sich 1598 die Linien von dem Bussche-Ippenburg und von dem Bussche-Hünnefeld. Gerd Clamor von dem Bussche-Hünnefeld legte 1610 den Grundstein zu dem heute noch bestehenden Herrenhaus. Sein Sohn Clamor-Eberhard errichtete dann 1658 den südlichen Seitenflügel.

Das heutige Herrenhaus entstand auf dem Platz der alten Oberburg. Die untere Burg war bereits um 1600 angetragen worden, um Platz für einen Wirtschaftshof und Befestigungsanlagen zu schaffen. Am Ende des Parks wurde 1825 auf einem kleinen Hügel ein Gedenkstein für Clamor Adolph Theodor errichtet, der den Barockgarten angelegt hatte. Sein Neffe Clamor August nahm 1840 eine weitere umfangreiche Anpflanzung vor. Viele exotische Bäume wurden eingekauft, die zum großen Teil noch im Hünnefelder Garten erhalten sind, weshalb der Park noch weit bis ins 20. Jahrhundert als größte dendrologische Kostbarkeit des Wittlager Landes galt. Abgeschirmt von einer mächtigen Baumkulisse war das Schloss mit seinen Parkanlagen über eine beeindruckende, kilometerlange Allee von Wehrendorf zu erreichen. Auf kleinem Raum waren hier seltene Pflanzen wie Sumpfzypressen und amerikanische Haselnussbäume zu se-

Als barockes Wasserschloss aus dem frühen 17. Jahrhundert mit botanischem Garten bietet das Schloss Hünnefeld eine beeindruckende Anlage.

Im Schlossmuseum bekommen die Besucher Einblicke in das feudale Leben des 18. und 19. Jahrhunderts.

hen, ebenso schlanke Zedern wie im Libanon. Zu dem Ensemble exotischer Gewächse zählten auch ein Mammutbaum sowie Sassafraß- und Tulpenbäume. Heute noch weist das Schloss die schlichte Gliederung der Spätrenaissance auf. Die weite Anlage und der große Ehrenhof lassen das damalige Bedürfnis nach Repräsentation erkennen, bei der die „cour d'honneur" der Auffahrt von zwei- und mehrspännigen Karossen diente.

Der runde Taubenturm auf dem Wirtschaftshof wurde nach französischem Vorbild errichtet, und seine Wetterfahne trägt nach wie vor das Wappen der Familien von dem Bussche und von Hammerstein. Auf der Parkseite des Herrenhauses befindet sich ein großes Gewölbe mit darüber liegender Terrasse, die einen Zugang zu Insel und Parkanlage bietet. Die kreisförmige Insel hat symbolische Bedeutung: Sie soll die Weltinsel darstellen. Über sie führt der Weg in die Gartenanlagen, da sie sowohl mit der Terrasse des Schlosses als auch über eine Brücke mit dem weitläufigen Park verbunden ist. Zu dem Schloss gehören Ländereien mit einer Flächengröße von 527 ha, die Hälfte davon Waldflächen. Die vor dem Schloss liegende Parkanlage ist für die Cafégäste zu begehen. Das Schloss selbst und die hintere Parkanlage werden von der Familie von dem Bussche privat genutzt und sind nicht für Gäste oder Besucher zugänglich.

Unter der Regie von Lene Freifrau von dem Bussche-Hünnefeld und ihrer Tochter Luise entstand im Nordflügel das Schlossmuseum, in dem sich Besucher einen Eindruck davon machen können, wie der Adel in alten Zeiten gelebt hat. Die Räume sind mit viel Liebe zum Detail und den ursprünglichen Materialien wieder in ihren Originalzustand versetzt worden. Der Nordflügel des Schlosses ist der wohl älteste Teil der gesamten Anlage. Die Räumlichkeiten sind gespickt mit alten Möbelstücken wie Biedermeiersofa oder einer alten Wiege. Neben weiteren Möbelstücken finden sich Bilder und Skulpturen, ergänzt durch Familienfotos. Abgerundet wird die Ausstellung mit Erinnerungsstücken wie Armbrustpfeilen aus dem 15./16. Jahrhundert, eine kleine Kanone von 1830, eine Sezierpuppe aus Elfenbein (um 1700), oder ein kleines Labor von 1777. Die Ausstellung zeigt die Familiengeschichte des Hauses sowie Kuriositäten und Einzelstücke, die sich im Laufe der Jahrhunderte durch die verschiedenen Generationen angesammelt haben und dem heutigen Betrachter einen Eindruck vom Alltagleben auf einem Schloss in vergangenen Zeiten vermitteln.

Durch dieses Burgtor gelangt man auf die Anlage der Burg Wittlage, deren Grundkonzeption von 1728 heute noch klar zu erkennen ist.

Burg Wittlage mit Burgturm und Hauptgebäude. Umgeben von Wasseranlagen schützte sie die Einwohner des Wittlager Landes im Mittelalter vor Einfällen der Nachbarn.

Die Burg Wittlage

Wenn wir heute auf die mehr als 700jährige, wechselvolle Geschichte der Burg Wittlage zurückblicken, nimmt sie uns mit in eine Zeit, in der das Hochstift Osnabrück selbst noch auf schwachen Füßen stand. Insgesamt sieben Stiftsburgen sollten ihm im frühen 14. Jahrhundert nach allen Richtungen hin Schutz und Trutz bieten. Und damit versuchten die Osnabrücker Bischöfe als Landesherren ganz sicher auch von der in Wittlage errichteten Burg aus, ihre Position gegenüber dem Bistum Minden, gelegentlich auch gegenüber der Grafschaft Ravensberg mit der Burg auf dem Limberg zu halten oder zu stärken.

Die 1309 bis 1313 errichtete Burganlage Bischof Engelberts dürfte entsprechend den damaligen Befestigungen aus einem steinernen Bergfried, einem Plankenzaun aus hölzernen Palisaden und Wassergraben bestanden haben. Der Turm diente der Verteidigung wie als Wohnung gleichermaßen und war als siebenstöckiges Steinwerk einigermaßen sicher gegen Überfall, Raub und Feuer. Engelberts Nachfolger, Bischof Gottfried Graf von Arnsberg (1320 -1348) soll die Burganlage dann mit Mauern umgeben und auch vergrößert haben, damit nach der Errichtung von Wohngebäuden eine ausreichende Besatzung der Anlage möglich war. Zudem ließ er sein Wappen am Tor anbringen. Bischof Otto Graf von Hoya (1410 - 1424) schließlich ließ ein Herrenhaus erbauen als Wohnsitz für den Burgherrn bzw. den Drosten. Und Bischof Konrad IV. Graf von Rietberg (1482 - 1508) umgab die Burg mit neuen Wällen und Gräben und legte so die Außenburg an, womit die Burganlage in ihrer bis heute sichtbaren Grundgestalt im Großen und Ganzen vollendet war. Wie bei der vermuteten älteren Befestigungsanlage im Rott, so wurden auch die Wassergräben der neuen Burg Wittlage mit Wasser aus der nördlich vorbei fließenden Hunte gefüllt. Die Burg hatte damit um 1500 vom Grundkonzept her ihre heutige Form angenommen und wurde zum Sitz eines Drosten, der als Statthalter die Regierungs- und Verwaltungsgeschäfte erledigte. Die Burgmühle, wohl ebenfalls mit oder kurz nach der Burg erbaut, lag nördlich in unmittelbarer Nähe an der Hunte auf der südlichen Seite des alten Hellweges.

Die Innenburg Wittlage war von einem Graben umgeben, der ein Rechteck mit Seitenlängen von 40 bzw. 58 Metern bildete. In der nordöstlichen Ecke der Anlage befand sich der massive Burgturm, an den sich nach Süden hin das Wohnhaus anschloß, in dem die spätere Rentei ihre Unterbringung finden sollte. Die östliche Wand dieses zweistöckigen

Gebäudes war auf der Burgmauer aufgebaut und in einer Länge von 14 m massiv mit einer Wandstärke von 73 cm errichtet worden. Dieser Teil der Burganlage wird als Rest der durch Bischof Gottfried ausgeführten Bauten angesehen. Von da bis zur Südmauer der Burg bestand das Mauerwerk der Rentei aus Fachwerk. Unter dem Dach des Hauses zog sich der herrschaftliche Kornboden hin. Die Südseite der Innenburg wurde von einer fünfeinhalb Meter hohen Mauer begrenzt. Die Westseite hingegen bildete in Länge von 40 m das von Bischof Ernst August II. (1716 - 1728) teilweise neu erbaute Amtshaus. Seine noch aus alter Zeit stammenden Kellerräume waren mit Schießscharten versehen. Das massive Gebäude verfügte über 1,50 m dicke Mauern und ein Mansardendach. Zur Nordseite hin wurde die Innenburg durch eine hohe Mauer abgetrennt. Ein in dieser Mauer befindliches Tor mit vorgelagerter, jetzt steinerner Brücke, bildete den Zugang zur Burganlage. Der Burgturm war vom inneren Burghof aus gemessen 29 m, vom östlichen Graben aus gemessen 22 m hoch, bei einem quadratischen Grundriss von 10 m Seitenlänge.

Unter dem Erdgeschoß befand sich ein Keller, dessen Balkendecke über eine ihn mit dem Erdgeschoß verbindende Öffnung verfügte. Die Stärke des Mauerwerkes beträgt hier 3,50 m. Das Erdgeschoß und das erste Stockwerk werden bis heute von Tonnengewölben überdeckt und haben je ein nach Norden hin gelegenes Fenster. Zugänglich sind sie durch einen nach Westen hin offenen, das 2,40 m dicke Mauerwerk durchquerenden Gang. In das zweite Stockwerk gelangt man ebenfalls durch einen nach Westen hin offenen Gang, der das hier 2,20 m dicke Mauerwerk durchbricht. Diese drei übereinander liegenden Gänge sind jetzt von dem in neurer Zeit westlich dem Turm vorgebauten Gefangenenhaus aus zugänglich, während früher das erste und zweite Stockwerk nur über eine Leiter erreicht werden konnten. Eine direkte Verbindung zwischen dem Erdgeschoss und erstem und zweitem Stockwerk bestand nicht. In der Mitte des Raumes im zweiten Stockwerk befand sich ein Kamin. An der Ostseite in der Mauer war ein Abort beiderseits von je einer Schießscharte untergebracht. Zur Südseite hin erhellten zwei Fenster den Raum. Die oberste Partie des Turmes war durch eine Balkenlage wiederum in zwei Geschosse geteilt, die vom zweiten Stockwerk aus durch eine Holztreppe zugänglich waren. Auch hier waren in den nach innen zurücksetzenden Mauern zwei Schießscharten eingelassen. Auf dem Turm befand sich damals wie heute ein Satteldach, und den westlichen Dachgiebel krönte eine Wetterfahne mit dem Osnabrücker Rad zwischen zwei Löwen als Schildhaltern und den Buchstaben E.A.B.Z.O.K.Z.B.V.L. für Ernst-August Bischof zu Osnabrück, Herzog zu Braunschweig und Lüneburg.

Die nach Norden hin gelegene Außenburg war von einem breiten Wall mit vorliegendem Graben umgeben, der auch die Innenburg einschloss, deren Umfang 625 m betrug. Ihr Eingang lag zur Westseite und wurde von einem nicht mehr vorhandenen Pforthaus flankiert. In der Außenburg soll im Jahre 1808 noch eine, alte große Scheune und ein altes Lusthaus gestanden haben. Während der Graben der Außenburg, wenn auch an manchen Stellen stark verschmälert, noch nahezu vollständig erhalten ist, sind vom Wall nur noch

Reste vorhanden. Bewegte Zeiten, Belagerungen und sogar Eroberungen hat die Burg Wittlage erleben und überstehen müssen. Unruhen, Fehden und Waffenlärm erfüllten immer wieder von neuem das Land. 1363 besiegten die Mindener das Osnabrücker Heer am Holzhauser Bach, der Bischof von Osnabrück sah sich als Gefangener auf dem Limberg wieder und musste losgekauft werden. Im Jahre 1435 wurden die Osnabrücker erneut geschlagen, diesmal bei Ostercappeln. Im Zusammenhang der Ereignisse ging auch die Essener Kirche in Flammen auf. Graf Johann von Hoya schließlich ließ 1441 seine Osnabrücker Beute durch 600 Reiter auf die durch ihn besetzte Burg Wittlage bringen, um anschließend das Land zu verwüsten, bis er in Fürstenau gefangen genommen wurde. Lange Zeit saß er danach als Gefangener im Osnabrücker Bucksturm im Johanniskasten. Im Jahre 1553 wurde die Burg Wittlage dann durch Söldner des Herzogs Philipp Magnus von Braunschweig überfallen und ausgeplündert. Und im Dreißigjährigen Krieg wurde die Burg Wittlage gar mehrmals besetzt und drangsaliert. Zunächst waren es die Truppen Tillys, die 1627 Einzug hielten. Ihnen folgten 1633 bis 1650 die Schweden, die ebenfalls mit Lebensmitteln und Dingen des Alltags versorgt sein wollten. Nach dem dreißigjährigen Krieg wurde die Wittlager Burg Amtssitz der Landdrostei. Mit dem Bau des Amtshauses durch Bischof Ernst August II. zwischen 1726 und 1728 verlor die Burg gut ein halbes Jahrhundert nach dem 30jährigen Krieg endgültig ihre Verteidigungsfunktion und verwandelte sich in den Sitz der Amtsverwaltung.

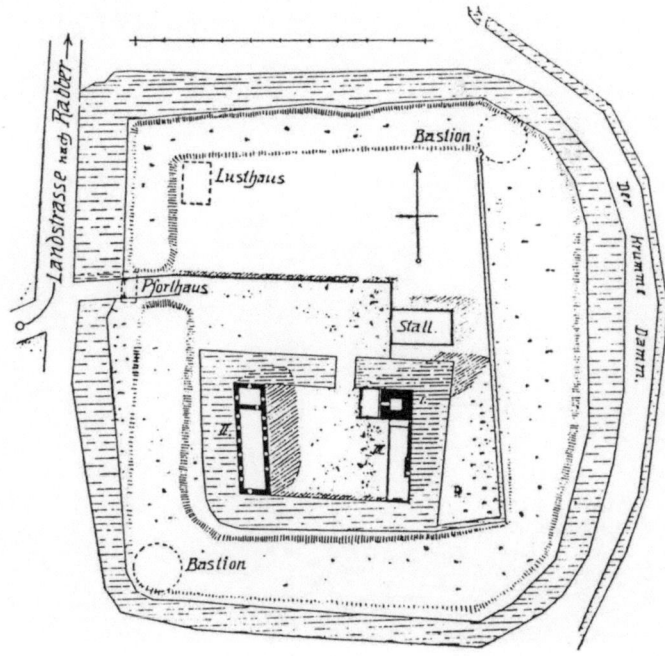

Alter Lageplan der Burg Wittlage

Besucher bei der Inhalation von vernebelter Bad Essener Sole in der SoleArena. Das Bau-werk wurde mit dem Niedersächsischen Staatspreis für Architektur 2010 ausgezeichnet.

Aktiv sein mit Radeln, Schwimmen und Wandern

Das Leben in Bad Essen wird in großen Zügen durch die vielfältigen Einrichtungen des Kur- und Rehabilitations-Betriebs geprägt. Klare Luft und eine natürliche Landschaft laden hier zudem zum Wandern, Träumen, Radfahren oder anderen Sportarten an der freien Luft ein. Rund um Bad Essen bieten sich verschiedene Möglichkeiten, sportlich aktiv zu sein. So verfügt der Ort über eines der schönsten Freibäder der Region. Das 1959 eröffnete Sole-Freibad, zwischenzeitlich umgebaut, hat sich seinen Charme als großzügige Anlage bewahrt. Sonnenwiese und schattige Plätze unter Kastanien laden im Sommer ein zu einem entspannten Badeerlebnis, zu dem das Solewasser seinen ganz eigenen Charakter hinzufügt. Hier schwimmt es sich nicht nur gut, hier bekommen Haut und Atemwege eine Pflege, die dem Badegast gut tun. Unmittelbar am Waldrand gelegen ist das Bad Essener Freibad mit 23 Grad warmem Solewasser gefüllt. Im Laufe des Jahres 1994 wurde eine neue warme Solequelle in Harpenfeld erschlossen. Mit der 31,5 %igen Sole werden jetzt in Anwendung der Photo-Sole-Therapie Hauterkrankungen wie Psoriasis therapiert. Regelmäßiges Schwimmen im Solewasser pflegt Haut und Bronchien und dient ebenso wie das Inhalieren in der SoleArena der Gesundheit.

Ein gutes Netz an Fahrradwegen und eine vielseitige Landschaft laden dazu ein, Ausflüge auf dem Fahrrad zu unternehmen. Ein Radweg der ganz besonderen Art ist die „Schlösser-Tour", die sich von Bad Essen aus zu den Schlössern von Hünnefeld und Ippenburg und weiter zur Burg Wittlage zieht. Während das neugotische Schloss Ippenburg mit seinen schönen Gärten lockt, bietet das Schloss Hünnefeld mit seinem botanischen Garten sowie seinem malerischen Cafe, der „alten Rentei" einen idealen Ort für eine kurze oder längere Rast.

Wanderschuhe schnüren und los geht's. Bad Essen liegt direkt am Wiehengebirge. Für einen kleinen Gang führen Parkanlagen direkt hinein in den Wald. Entlang der alten Wassermühle, vorbei an der Wassertretstelle, zurück über den chinesischen Pavillon, vorbei am malerischen Mühlenteich mit seinen Enten und Schwänen, dann noch rechts ein kurzes Stück auf dem Waldrandweg, und zurück in die Ortsmitte, um einen Kaffee zu trinken oder ein Eis zu essen.

Oder links hinein in den Park der Sinne, das Ganze in 45 – 60 Minuten. Oder mit einer knappen Stunde mehr Zeit noch weiter hinauf zum Aussichtsturm. Ausgehend vom Ortszentrum ist man in 5 Minuten auch zu Fuß am Waldrand, um von dort aus zu stundenlangen Wanderungen durch Schluchten, Mischwälder, Tannen auf befestigten Wanderwegen aufbrechen zu können. Zwischen Bäumen, sonnendurchfluteten Lichtungen und herrlichen Ausblicken wartet Natur pur. Abseits der Wanderwege findet sich noch mehr Ruhe an frischer Luft. Dort kann man seine Gedanken frei schweifen lassen und abschalten – um in eine andere Welt einzutauchen. Verwunschene Wege und kleine Brücken führen durch die Kuranlagen in den Wald hinauf zum Waldhotel und weiter zum Aussichtsturm, von dem aus der Blick über das gesamte Panorama in alle vier Himmelsrichtungen geht ...

Auf Waldspaziergängen lässt sich die Umbegung Bad Essens erkunden. Hier findet der Wanderer Ruhe und Abgeschiedenheit von der Hektik des modernen Alltags.